SEJA A SUA MELHOR VERSÃO

Editora Appris Ltda.
1.ª Edição - Copyright© 2023 do autor
Direitos de Edição Reservados à Editora Appris Ltda.

Nenhuma parte desta obra poderá ser utilizada indevidamente, sem estar de acordo com a Lei nº 9.610/98. Se incorreções forem encontradas, serão de exclusiva responsabilidade de seus organizadores. Foi realizado o Depósito Legal na Fundação Biblioteca Nacional, de acordo com as Leis nos 10.994, de 14/12/2004, e 12.192, de 14/01/2010.

Catalogação na Fonte
Elaborado por: Josefina A. S. Guedes
Bibliotecária CRB 9/870

C837s 2023	Costa, Pedro Vicente 　　Seja a sua melhor versão / Pedro Vicente Costa. - 1. ed. – Curitiba: Appris, 2023. 　　100 p. ; 21 cm. 　　Inclui referências. 　　ISBN 978-65-250-4009-7 　　1. Memória autobiográfica. 2. Autorrealização. I. Título. 　　　　　　　　　　　　　　　　　　　　　　　CDD – 808.06692

Editora e Livraria Appris Ltda.
Av. Manoel Ribas, 2265 – Mercês
Curitiba/PR – CEP: 80810-002
Tel. (41) 3156 - 4731
www.editoraappris.com.br

Printed in Brazil
Impresso no Brasil

Pedro Vicente Costa

SEJA A SUA MELHOR VERSÃO

FICHA TÉCNICA

EDITORIAL Augusto Vidal de Andrade Coelho
Sara C. de Andrade Coelho

COMITÊ EDITORIAL Marli Caetano
Andréa Barbosa Gouveia (UFPR)
Jacques de Lima Ferreira (UP)
Marilda Aparecida Behrens (PUCPR)
Ana El Achkar (UNIVERSO/RJ)
Conrado Moreira Mendes (PUC-MG)
Eliete Correia dos Santos (UEPB)
Fabiano Santos (UERJ/IESP)
Francinete Fernandes de Sousa (UEPB)
Francisco Carlos Duarte (PUCPR)
Francisco de Assis (Fiam-Faam, SP, Brasil)
Juliana Reichert Assunção Tonelli (UEL)
Maria Aparecida Barbosa (USP)
Maria Helena Zamora (PUC-Rio)
Maria Margarida de Andrade (Umack)
Roque Ismael da Costa Güllich (UFFS)
Toni Reis (UFPR)
Valdomiro de Oliveira (UFPR)
Valério Brusamolin (IFPR)

SUPERVISOR DA PRODUÇÃO Renata Cristina Lopes Miccelli

ASSESSORIA EDITORIAL Priscila Oliveira da Luz

REVISÃO Ana Carolina de Carvalho Lacerda
Monalisa Morais Gobetti

DIAGRAMAÇÃO Renata C. L. Miccelli

CAPA Sheila Alves

Dedico esta obra primeiramente a Deus, autor e consumador da nossa fé; à minha querida esposa, LUCIENE JONAS DE ANDRADE COSTA, uma mulher sábia, que enxergou em mim algo especial, que nem eu mesmo acreditava, uma verdadeira ajudadora, que me apoia, somos verdadeiramente amigos e companheiros em tudo; às minhas filhas, RAISSA, MAYARA e ANNA CAROLINA, que são minha verdadeira fonte de inspiração para continuar trabalhando em prol de conquistar nossas metas, objetivos, sonhos e visão de futuro.

AGRADECIMENTOS

Ao autor de toda criação, por me proporcionar o dom da vida, ao seu filho, Jesus, que por meio do Espírito Santo me alcançou ainda criança, dando-me a oportunidade de conhecer verdadeiramente quem é Deus e como podemos nos ver como ele nos vê.

Ao meu pai, José (em memória), e à minha mãe, Ilda (em memória), por terem me criado no caminho da retidão e me dado conselhos dignos, os quais sigo até os dias atuais.

Às minhas filhas, por serem tão preciosas na minha vida e por me mostrarem o quanto se pode amar alguém mais do que a si mesmo, por terem me ensinado a ser pai, protetor, amigo e companheiro e por ter tido o privilégio de educá-las no caminho do Senhor.

"Autorresponsabilidade é a crença de que você é o único responsável pela vida que tem levado, sendo assim é o único que pode mudá-la"

(Paulo Vieira)

Na vida podemos ser aquilo que os outros dizem que somos, ou podemos recuperar a nossa identidade, assumir a responsabilidade e ser aquilo que queremos ser, aquilo que nascemos para ser. Descubra o seu propósito e assuma o controle de sua vida.

APRESENTAÇÃO

Neste livro, você encontrará a história de vida do autor, uma história de superação das diversas dificuldades encontradas ao longo de sua vida, começando da infância até a vida adulta, onde pôde fazer escolhas diferentes das que lhe eram impostas pelo ambiente em que vivia que seriam as escolhas, por assim dizer as mais fáceis segundo o ambiente em que estava inserido, mas contrariando as expectativas e prognósticos de que não seria nada na vida, de que não teria um futuro promissor, resolveu usar o livre arbítrio dado por Deus e fazer escolhas diferentes, resolveu assumir a responsabilidade por sua vida e pelo seu destino, resolveu estudar por conta própria e mesmo com todas as dificuldades encontradas, estas não foram capazes de desanimá-lo ou fazer desistir, o seu caminho estava traçado e seus objetivos definidos, planos bem elaborados e mão na massa, não havia nada que o pudesse impedir conseguiu não somente ajudar a si mesmo a se desenvolver como pessoa e um ser humano melhor, como também, se propôs a ajudar a tantas quantas pessoas se interessassem pelo seu trabalho, resolveu ajudá-las a serem livres de todas as limitações mentais, a descobrir o seu propósito e serem a melhor versão de si mesmas.

PREFÁCIO

Resiliência é a capacidade que uma pessoa possui para lidar com seus problemas, não se abater perante as adversidades, buscando se adaptar às mudanças e resistir a qualquer tipo de pressão para superar barreiras.

Uma pessoa resiliente se caracteriza por ter atitude, tomar as rédeas da própria vida, assumir riscos, tentar incessantemente e não se abater com maus resultados.

Elas possuem uma visão otimista da vida como um todo, e essa visão não se abala com os obstáculos enfrentados no caminho.

A resiliência é uma competência essencial para qualquer ser humano. Ter a capacidade de lidar e de transpor adversidades é fundamental para o sucesso profissional e pessoal.

Pessoas resilientes conseguem ver situações por outra ótica, enxergando o lado bom de momentos ruins, aprendendo com eles e seguindo em frente.

Ter essa capacidade para lidar com os problemas te torna uma pessoa capaz de enfrentar as crises, superar seus próprios traumas e perdas e estar sempre se adaptando a novos desafios.

Acreditar em si mesmo é a chave da resiliência e isso é enormemente eficaz em nossas vidas.

O autor teve a feliz ideia de fazer uma mistura da linguagem bíblica com a linguagem motivacional e elaborou, de maneira contundente, um livro que descreve a sua história de vida e como venceu inúmeras adversidades utilizando a fé e a resiliência como instrumento de superação. Essa ideia deu origem a uma obra de leitura fácil, didática e extremamente agradável. Recomendo esta leitura a todas as pessoas que desejam obter um maior crescimento emocional, intelectual, espiritual e financeiro.

Em Oséias 4:6 está escrito que o povo perece quando lhe falta conhecimento, portanto, o conhecimento traz livramento, sabedoria e longevidade, e essa é a essência desta maravilhosa obra do autor Pedro Vicente Costa.

Elon Souza

Perito Judicial, produtor musical, conferencista e escritor do livro 7 Princípios para Empreender, pela Editora Getsêmani

SUMÁRIO

INTRODUÇÃO...23

CAPÍTULO 1
MINHA HISTÓRIA..24

CAPÍTULO 2
DA TRAGÉDIA PARA A VITÓRIA..29

CAPÍTULO 3
DEUS NOS VÊ COMO FILHOS E SE SOMOS SEUS FILHOS
TEMOS QUE NOS COMPORTAR COMO TAL...32

CAPÍTULO 4
IMAGINAÇÃO É A CAPACIDADE CRIATIVA
QUE DEUS NOS DEU...34

CAPÍTULO 5
O ESTILO DE VIDA AMERICANO...38

CAPÍTULO 6
A FÉ...43

CAPÍTULO 7
OS PRINCÍPIOS BÍBLICOS PARA A SUA VIDA FINANCEIRA........45

CAPÍTULO 8
O GRANDE LIVRAMENTO...48

CAPÍTULO 9
SEJA VOCÊ O RESPONSÁVEL PELA SUA HISTÓRIA....................51

CAPÍTULO 10
UM CRISTÃO PODE SER RICO? 54

CAPÍTULO 11
SEGUINDO PLANOS BEM ELABORADOS 58

CAPÍTULO 12
OS SETE ERROS FINANCEIROS SEGUNDO A BÍBLIA 59

CAPÍTULO 13
ESPERAR EM DEUS NÃO É FICAR SEM FAZER NADA 68

CAPÍTULO 14
ABRAÃO E SARA 69

CAPÍTULO 15
DESENVOLVA UMA MENTE PRÓSPERA 72

CAPÍTULO 16
TEMPOS DE AMÉRICA: EUA 76

CAPÍTULO 17
SEJA FELIZ COM A PESSOA QUE VOCÊ É 78

CAPÍTULO 18
DESCUBRA O PODER DOS NOSSOS PENSAMENTOS
E PALAVRAS 80

CAPÍTULO 19
CINCO PRINCÍPIOS BÍBLICOS QUE ENRIQUECEM 83

CAPÍTULO 20
NÃO DÊ DESCULPAS 89

CAPÍTULO 21
APRENDA EVOLUINDO SEMPRE E TREINE ATÉ SE TORNAR.....94

CAPÍTULO 22
SEJA IMPARÁVEL..96

CONCLUSÃO...98

REFERÊNCIAS 99

"Não importa de onde você vem. O que Importa é para onde você vai".

O lugar onde você nasceu ou foi criado não são determinantes para te conduzir ao fracasso. "Sua origem ou seu sobrenome não são impeditivos para você trilhar um caminho de sucesso".

(Osvaldo Filho)

INTRODUÇÃO

"Não somos seres humanos passando por uma experiência espiritual, somos seres espirituais passando por uma experiência humana".

(Teilhard de Chardin)

Neste livro eu conto um pouco da minha história e biografia. ***Seja a sua melhor versão*** nasceu da minha resiliência em não aceitar as imposições da vida, que tentava manter-me pobre, sentindo-me vítima da sociedade. A vida é feita de escolhas e você pode fazer a sua. Você pode ser o que os outros dizem que você é ou ser o que você quer ser! Descubra o seu propósito nesta Terra, descubra para que você veio a este mundo e seja o protagonista da sua história.

Quando nascemos, recebemos de Deus uma folha em branco com uma infinidade de possibilidades, e cabe a nós escrever nela a nossa própria história. Deus nos criou para grandes coisas, não para sermos medíocres. A mediocridade é limitante e bloqueia as nossas oportunidades de crescimento em todas as áreas, pois vem do medo de avançar e se decepcionar, faz com que nos contentemos com o pouco que temos e com a vida mediana, por isso Deus nos deu resistência e resiliência, para nos levantarmos quantas vezes forem necessárias, aprendendo com cada queda e tirando o melhor de cada situação, para nos tornarmos a nossa melhor versão.

CAPÍTULO 1

MINHA HISTÓRIA

Nasci em 1973, em uma das famílias mais pobres da região de Mendes Pimentel, em Minas Gerais, sou filho de uma professora primaria e um lavrador.

Meu pai trabalhava como meeiro em fazendas da região e ganhava apenas a metade do que plantava e colhia, éramos católicos e, nessa época, às vezes não tínhamos nada para comer a não ser o que era colhido na terra, como milho, feijão e arroz, e alguma criação de galinha e porcos. Tínhamos uma agricultura familiar e de subsistência, até que, com muita dificuldade e de maneira parcelada, meu pai conseguiu comprar seu próprio pedaço de terra, era pequeno, mas as coisas já começaram a melhorar. Tínhamos muitas limitações por acreditar que para irmos para o céu, teríamos de permanecer pobres e humildes, e que ricos só possuíam muitas coisas por serem desonestos e trapaceiros. Esse era o pensamento do meu pai, repetido exaustivamente para todos nós, seus filhos, e impresso em minha mente desde a mais tenra idade.

Minha mãe foi contratada como professora e começou a dar aulas na escola primária, passando a levar algum dinheiro para casa e ajudar meu pai nas despesas da casa. Nessa época eu tinha apenas quatro anos de idade, e quando ia à igreja, não entendia muito bem o que o padre estava pregando, mas um dia passei próximo a um culto evangélico, que estava acontecendo na casa de um amigo de meu pai, que precisava conversar alguma coisa com esse amigo, por isso ficamos lá parados, esperando meu pai conversar com seu amigo. Enquanto isso, fiquei ouvindo o que o pregador falava e achei interessante, pois ele pregava como quem tem autoridade, cheio de certeza e confiança, depois descobri que isso se chama unção.

O pregador falava que Jesus morreu na cruz do calvário para nos dar a salvação e que todo aquele que nele crer tem a vida eterna, e não entrará em condenação, mas passará da morte para a vida. Antes mesmo de terminar a pregação, meu pai já veio apressado dizendo *"Vamo-nos daqui"*, mas aquilo ficou martelando na minha cabeça por muito tempo, nunca esqueci o que aquele pregador disse, nunca havia escutado semelhante mensagem. Apesar disso, continuei indo à Igreja Católica com minha família, pois eu não tinha outra opção, era apenas uma criança.

Geralmente íamos à igreja pelo menos uma vez por semana, especialmente no domingo. Como morávamos na roça, em uma região chamada Córrego Rico, no interior de Minas Gerais, esse era o dia de vestir a melhor roupa para ir à missa. Em uma ocasião fui novamente à igreja com meus pais e irmãos, nesse dia em especial havia comemorações na igreja e pessoas a lotavam. Havia também vendedores na parte de fora da igreja, e eu, como criança curiosa que era, fui ver o que estavam vendendo e vi várias pessoas se deliciando com uma coisa chamada picolé. Eu nunca tinha visto algo parecido, nem sequer sabia o sabor, fiquei impressionado com aquilo. Como era um dia quente, nada melhor do que algo gelado para se refrescar. Fui rapidamente pedir ao meu pai que comprasse para mim um picolé, pois parecia delicioso, mas meu pai se recusou, dizendo que não tinha dinheiro, mas eu não queria saber, queria porque queria o tal picolé. Fui novamente lá fora e voltei chorando, porque alguns garotos que já estavam no terceiro picolé me faziam inveja perguntando se eu queria, eu dizia que sim, mas eles não me deixavam nem mesmo experimentar. Meu pai ficou irritado, porque eu estava perturbando a cerimônia e pedia insistentemente para ele comprar o picolé para mim, mas ele não queria e nem mesmo se esforçava para tentar me consolar. Algum tempo se passou e meu pai já não aguentava mais a choradeira, pegou-me no colo e foi caminhando para fora da igreja. Eu, a princípio, fiquei feliz, porque achei que finalmente ganharia o tão sonhado picolé.

Nesse dia, como era dia de festa, um trator havia terraplanado o pátio da igreja, de forma que estava tudo limpo. Como a igreja era em um barranco, do lado de baixo se formou um monte de terra vermelha fofa, meu pai foi caminhando comigo no colo em direção ao barranco de terra fofa que se formara, e quando eu menos esperava, ele simplesmente me jogou de lá de cima, amortecendo a queda com um chute, de forma que eu caí rolando naquela terra fofa. Não me machuquei muito, mas fiquei todo sujo de terra vermelha e ainda virei motivo de zombaria de todos que assistiam ao espetáculo. Voltei para dentro da igreja e meu pai começou a limpar de mim a terra vermelha, depois disso eu entendi que não ganharia o picolé. Isso me deixou um trauma que levou muito tempo a cicatrizar, passei a falar baixo demais e pensar que eu não era digno de ter o que eu queria, achava que era pobre porque Deus queria que eu ficasse pobre, e que passar privações era uma forma de agradar a Deus. Durante muito tempo cresci com isso em mente e me contentava com muito pouco, ou quase nada, pensava que isso agradava a Deus, pensava que estava fazendo um favor a Deus permanecendo pobre.

Muitas vezes somos fustigados por circunstâncias alheias à nossa vontade, queremos mudança, queremos ter o melhor desta Terra, mas somos tratados como lixo, às vezes por aqueles que mais amamos. Depois desse dia comecei a ver o meu pai com outros olhos, não via nele uma pessoa amigável que deveria ser seguida, e seu exemplo de vida e conduta não me parecia ser o melhor, pois sempre que ele se dirigia à venda (comércio) mais próxima de onde morávamos para comprar mantimentos para a casa, e quando dava, levava-me junto, eu pude ver como se comportava, pedia uma pinga (cachaça), bebia e me oferecia um pouco. Quando provei daquilo, pensava comigo mesmo: "Como alguém pode gostar desta coisa horrível, desce queimando a garganta da gente?". Porém meu pai dizia que para ser homem de verdade a gente tem que beber, mas eu não via mais o meu pai como um exemplo a ser seguido.

Às vezes, quando ele saía sozinho, voltava tarde, outras vezes apenas no outro dia, e bêbado, às vezes não conseguia nem chegar na porta de casa e já desmaiava, de tanto que bebeu, às vezes vomitava. Presenciando aquilo, apesar da minha pouca idade, eu sabia que não era uma boa forma de se viver.

Quando chegou a hora de ir para a escola, nos mudamos para a cidade de Itabirinha (MG), pois minhas irmãs já estavam passando da idade escolar e não tinha mais escola para elas na nossa região. Nessa época eu estava com sete anos de idade. Iniciei minha vida escolar, e devido aos meus traumas do passado, não conseguia falar alto, sempre a professora pedia para falar mais alto e eu não conseguia, pois havia me retraído por causa de tantas privações. Eu era magro e desnutrido, pensava que sempre seria assim. Às vezes os colegas de escola falavam orgulhosamente de seus pais, dizendo que eram exemplos para eles, de como eram bem-sucedidos em seus negócios, e eu não tinha nada a dizer, ficava envergonhado cada vez mais, pois o único bom exemplo que tinha recebido de meu pai era o de ser honesto e trabalhador, e de minha mãe, o de estudar, pois, apesar de já casada, ela conseguiu estudar um pouco e se tornou professora primária, ajudando um pouco na renda da família, mas não tinha muito do que se orgulhar.

Um dia a professora perguntou a alguns colegas o que eles queriam ser quando crescessem, um disse: "*Ah, eu quero ser como o meu pai, meu pai é médico*", e outro disse: "*Eu quero ser como o meu pai*", e a professora perguntava: "*Qual a profissão do seu pai?*", e ele respondia: "*Meu pai é dentista*", outro colega disse: "*Eu quero seguir a profissão do meu pai, ele é advogado*". Quando chegou a minha vez, a professora perguntou o que eu queria ser quando eu crescesse, nessa hora eu amarelei, não conseguia dizer o que eu queria ser, fiquei mudo envergonhado, ela insistiu que eu respondesse, "*Você também quer seguir a profissão de seu pai?*", perguntava a professora. Aí eu tomei coragem e disse: "*Não, eu nunca quero ser igual ao meu pai, meu pai é um alcóolatra, chega bêbado em casa, bate na minha mãe e também em qualquer um dos filhos que tentar interferir, trabalha na roça de sol a sol e ganha uma miséria, não consegue comprar nem mesmo roupa para vestir direito, meu pai não é um bom exemplo a ser seguido".* Daquele momento em diante eu disse para mim mesmo que eu seria diferente do meu pai, pelo menos na maneira de viver. A única coisa boa que meu pai me ensinou nessa época foi ser honesto e trabalhador: *"Não importa a profissão, você deverá comer do fruto do seu trabalho e não ser pesado a ninguém".*

CAPÍTULO 2

DA TRAGÉDIA PARA A VITÓRIA

Continuei até os 12 anos seguindo os ensinamentos católicos de minha família, mas, por mais que eu me esforçasse, não conseguia acreditar que imagens faziam algum milagre, como era pregado pelos católicos. Eles diziam assim: *"Se você não seguir esses ensinamentos, será punido severamente"*, eu pensava: *"Mais ainda? Será que já não estou sendo punido o suficiente tendo que viver com sérias limitações?"*.

No ano de 1985 aconteceu na cidade de Itabirinha uma chuva de granizo como nunca se viu antes naquela região, uma chuva de grande proporção. A cidade foi totalmente destruída, as casas eram, na sua maioria, de telhas de amianto e ficaram todas destelhadas, as montanhas em volta ficaram cobertas de gelo e as ruas com aproximadamente um metro de gelo em todas as áreas, os comércios foram saqueados e as coisas levadas pela correnteza das águas que invadiram a cidade com tamanha força misturada com gelo. Nesse dia morreram aproximadamente 29 pessoas. Eu e minha família nos abrigamos debaixo de uma mesa e dentro do guarda-roupa, não nos ferimos gravemente, mas o estrago foi grande.

No outro dia eu saí com alguns colegas para ver como estava a cidade, era como andar na neve, calcei o Kichute que tinha e fomos desbravar a cidade. Durante o trajeto encontramos várias bebidas jogadas na rua e entre elas um litro de cachaça, peguei ele e comecei a beber com meus colegas. Eu disse: *"Como está frio, meu pai sempre diz que beber esquenta, então vamos beber, porque está muito frio"*. Comecei a beber e a princípio estava queimando, mas depois começou a ficar bom, meus colegas deixaram o restante para mim, dizendo que não queriam mais, então eu acabei com o restante da cachaça que havia no litro com apenas 12 anos de idade. Tomei o meu primeiro e último porre de cachaça, fiquei bêbado como o meu pai ficava e muito falante e alegre, como nunca havia ficado. Naquele dia eu soube o que é ficar bêbado, mas ao contrário de meu pai, eu não fiquei agressivo, mas sim alegre, como nunca antes, parecia que todos os problemas que estávamos enfrentando haviam desaparecido naquele momento. No outro dia minha cabeça estava a ponto de explodir de tanta dor, minha mãe me deu um banho frio e me colocou para dormir. Depois dessa experiência desagradável eu pude ver como é ficar bêbado e realmente decidi que aquela vida não era para mim.

Ainda continuava frequentando a Igreja Católica, mas não me sentia bem lá, às vezes as pessoas zombavam de mim, pois éramos muito pobres e eu não tinha sequer roupas boas para ir à igreja, ia sempre com a mesma roupa. Quando eu falava, ninguém prestava atenção, era como se eu não existisse. Minhas irmãs já estavam na idade de se casarem e foram convidadas a ir à igreja dos crentes, assim que eles chamavam a igreja evangélica, a "igreja dos bate palminha", pois essa igreja era alegre, as pessoas louvavam com o coração e batiam palmas para adorar a Jesus.

Nessa época só existia cinco igrejas em Itabirinha, a Igreja Católica, a Igreja Assembleia de Deus, a Igreja Batista Tradicional e a Igreja Presbiteriana, até que chegou na região a Igreja Batista Nacional Ebenézer, igreja renovada, na qual o povo era mais animado, dava glórias a Deus e o fogo caía. Essa igreja chamou a atenção e cresceu rapidamente, eu sempre queria ir, mas minhas irmãs não permitiam que eu fosse junto com elas, pois achavam que eu atrapalharia, pois elas queriam encontrar algum pretendente, mas minha irmã mais nova, do meio, começou a ouvir a palavra de Deus e isso começou a mudar a vida dela. Ela se converteu a Jesus e a partir desse dia ela não mais estava interessada apenas em namoro, mas em Deus e em como mudar sua vida e a de sua família.

Depois da conversão de minha irmã as coisas começaram a mudar na minha casa, minha irmã me convidou para ir à igreja com ela e eu prontamente aceitei, pois há muito queria ir, mas minhas irmãs não deixavam. Então, logo quando entrei na igreja, senti uma tremenda diferença, as pessoas não estavam tristes como na igreja que eu frequentava, estavam alegres e felizes, de pronto, todos vieram me cumprimentar, dizendo que eu era bem-vindo no meio deles e que Jesus me amava, imagina isso tudo para um garoto de 13 anos que não tinha nem mesmo a atenção dos outros com os quais tentava conversar. Isso foi chocante para mim e muito impactante, isso foi em uma quarta-feira, e no domingo seguinte eu me converti definitivamente entregando-me inteiramente a Jesus.

Naquele dia especial, quando levantei minha mão aceitando a Jesus como meu senhor e salvador, parecia que um peso enorme havia saído de minhas costas e eu não andava, mas flutuava em direção ao altar, Deus estava de braços abertos para me receber e mudar a minha vida. Nesse dia tão especial, minha vida mudou, eu já não teria que passar pelas privações que passei, não teria que andar cabisbaixo por sentir medo, decepção e vergonha, desse momento em diante eu sabia que não seria como meu pai, mas seria alguém que cumpriria o seu propósito aqui na Terra. Demorou um pouco, mas compreendi que como filhos de Deus que somos, temos um propósito de ser o melhor que podemos ser, de desenvolver o nosso potencial dado por Deus. Naquele momento eu sabia que havia tomado a melhor decisão de toda minha vida, que minha vida seria diferente e que minha família não teria que passar pelas privações, pobreza e miséria em que eu cresci. Comecei a ouvir as pregações, ler a Bíblia e procurar na palavra o que Deus diz a nosso respeito, eu descobri que Deus tem grandes planos para minha vida e para vida de qualquer pessoa que se propõe a segui-lo realmente de coração. Com o passar dos anos, eu desenvolvi uma melhor compreensão de quem eu era aos olhos de Deus, e como filhos de Deus que somos, temos o direito de prosperar, não precisamos viver como se a pobreza agradasse a Deus, eu descobri que temos que nos ver como Deus nos vê.

CAPÍTULO 3

DEUS NOS VÊ COMO FILHOS E SE SOMOS SEUS FILHOS TEMOS QUE NOS COMPORTAR COMO TAL

Quando passamos a nos enxergar com os olhos de Deus, vemos que Deus quer prosperar seus filhos, ele é um Deus que tem prazer em ver seus filhos crescendo em todas as áreas da vida, com essa verdade em mente podemos viver com qualidade de vida e quebrar o ciclo de pobreza em nossa família. Mas tudo começou quando eu pude ver com clareza quem eu era aos olhos de Deus.

Você pode ficar chocado se realmente entender o quanto Deus quer abençoar você, ele quer que você faça grandes coisas, que deixe um legado neste mundo, ele te deu dons, talentos, e colocou um potencial incrível dentro de você, prontos para serem usados, basta somente você se ver como Deus te vê e você pode agora mesmo dar um passo de fé e agir com base nos sonhos e desejos que ele colocou em seu coração. Usando a sua imaginação, você pode criar a sua realidade, somos a mais alta forma de criação de Deus e ele nos deu essa capacidade criativa, tudo que precisamos fazer é usar a nossa fé e imaginação criativa para criar a vida que desejamos ter, nós fomos feitos conforme a imagem e semelhança de Deus. Então por que será que muitas das vezes não usamos essa capacidade criativa que Deus nos deu?

No ano de 1986, no dia 13 de setembro, eu me converti ao senhor Jesus e daquele momento em diante eu comecei a me ver de forma diferente e Deus mudou a minha vida, melhorei minhas notas na escola. Apesar de ainda continuar extremamente pobre, às vezes a ponto de ter somente uma camisa de uniforme e uma calça para ir à escola, aos 13 anos comecei a trabalhar de servente de pedreiro. Quando peguei o meu primeiro salário foi um dos dias mais felizes da minha vida, não sabia nem o que fazer com o dinheiro, comprei o meu primeiro refrigerante Itubaína, de tutti-frutti, e comi um salgado, foi a primeira vez que comprei alguma coisa com o trabalho de minhas mãos. Senti que as coisas começaram a mudar, já tínhamos uma refeição decente, almoço e jantar fartos, Deus começou a abençoar a minha casa.

Minha mãe e meu pai ainda continuavam seguindo os ensinamentos católicos, somente minha irmã e eu tínhamos nos convertido ao verdadeiro evangelho. Apesar de sermos só nós dois, minha família começou a notar a mudança em nossa casa, as coisas melhoraram, minha mãe que tinha sérios problemas de saúde resolveu ir à igreja conosco e se converteu ao evangelho também. Meu pai demorou um pouco mais, um dia ficou doente e foi internado em um hospital da região, já estava com o coração quebrantado pelos nossos exemplos de vida e disse que se ficasse sem fumar os dias em que estava internado, não mais fumaria e se entregaria a Jesus. Ele se recuperou, foi à igreja e se converteu ao Senhor Jesus. Depois desse dia, meu pai foi transformado por Deus, orava e jejuava lendo a Bíblia e buscava a presença de Deus. Depois dos 65 anos, meu pai soube o que é ter uma vida abundante na presença do Senhor, deu-me vários conselhos, estes sim dignos de serem seguidos, pois havia mudado de vida. Depois de convertido, meu pai já era para mim um exemplo de vida como cristão, sempre buscando agradar a Deus com suas atitudes, ações e palavras. Morreu em avançada idade, certo de que cumpriu o seu propósito nesta Terra e deixou um legado não de mau exemplo, mas de fé, esperança e amor, e a certeza de que não importa a idade, Deus tem sempre uma segunda chance para quem quer buscá-lo de todo o coração.

CAPÍTULO 4

IMAGINAÇÃO É A CAPACIDADE CRIATIVA QUE DEUS NOS DEU

Aos 21 anos de idade, me casei e em pouco tempo me mudei para a cidade de São José dos Campos (SP), onde morei por dois anos. Apesar de ser cristão e conhecer as bênçãos de Deus, ainda continuava com uma mentalidade de pobreza e de escassez, aprendi que além de conhecer a Deus, temos que conhecer a nós mesmos para podermos prosperar, temos que nos ver como Deus nos vê e isso não é tão fácil de fazer, pois como a maioria de nós fomos criados de forma a pensar que não existe a abundância e que temos que nos contentar com o pouco, isso se torna um programa mental difícil de se livrar, torna-se uma crença limitante, que faz com que nos tornemos escravos desses pensamentos e incapazes de pensar que somos merecedores de algo mais, às vezes perdendo grandes oportunidades de negócios, pois não nos vemos como pessoas capazes e merecedoras de receber as bênçãos de Deus.

Nós, como primícias de toda a criação de Deus, temos tudo que precisamos para sermos prósperos e conseguirmos qualquer coisa na vida. Deus colocou em nós um potencial incrível, basta aprendermos a usá-lo, fomos criados à imagem e à semelhança de Deus e por isso temos em nós a capacidade de criação. Por meio da nossa imaginação, podemos criar qualquer coisa, pois todas as coisas materiais que existem foram primeiro criadas na mente de alguém, então nós temos essa capacidade criadora. Porém, infelizmente, devido a um sistema de crenças que nos são implantadas pela maneira como somos criados pelos nossos pais, amigos e parentes, acabamos inibindo essa capacidade, achando que não somos capazes de nada, mas Deus já nos deu tudo que precisamos para fazer o que quisermos, apenas temos que acreditar em nós mesmos como capazes.

SEJA A SUA MELHOR VERSÃO

No ano 2000, comecei a estudar inglês de forma autodidata, eu sabia que se falasse com alguém que estava estudando, essa pessoa não acreditaria que eu conseguiria. Em pouco mais de dois anos consegui começar a falar e entender muitas coisas, e no ano de 2003, após uma falência, uma grande perda financeira de quase um milhão de reais, resolvi tentar a sorte nos Estados Unidos da América. Fui primeiro sozinho e um ano depois levei também minha família, comecei a trabalhar nos EUA. Deus me abençoou grandemente, trabalhei com americanos e desenvolvi melhor o meu inglês. Trabalhando no Dunkin' Donuts cheguei a ser gerente da loja, ganhando um salário que nunca imaginei que conseguiria. Durante esse tempo, tive várias experiências, com várias pessoas de diversas partes do mundo e culturas diferentes. No tempo em que fui gerente da loja, era responsável pela contratação de novos funcionários e treinamento destes, sempre mantendo firme minha fé em Deus e tentando ser exemplo de vida cristã.

Apesar de trabalhar muito e por longos períodos de tempo, nesse período conheci um rapaz que contratei para trabalhar de nome Chris Brown, foi lhe dado esse nome por causa de um famoso cantor nos Estados Unidos de mesmo nome.

Chris era um rapaz negro, de grande estatura, tinha uma aparência imponente que transmitia segurança por onde quer que fosse. No entanto, comportava-se de maneira estranha, como se tivesse medo de tudo, não podia ver uma barata que gritava como se estivesse vendo um monstro. Um dia comecei a conversar com o Chris nos horários de intervalo para o lanche e perguntei a ele o porquê daquele comportamento, ele sempre estava achando que alguma coisa muito ruim estava para acontecer e vivia como se não merecesse nada, vivia uma vida de decepção, frustração e vergonha, como se ele próprio fosse um erro.

Comecei a falar para ele do amor de Jesus e que ele era merecedor de grandes coisas na vida, a princípio ele ficou assustado, porque nunca tinha visto ninguém falar com ele dessa forma, revelou-me, posteriormente, que seus pais, quando ele nasceu, esperavam uma menina e tinham comprado todo tipo de brinquedo e arrumado o quarto na cor rosa, esperando uma menina nascer, e quando ele veio ficaram tão decepcionados que não acreditavam que aquele garoto era filho deles. Assim, ele cresceu com aquele sentimento de rejeição, fazendo com que ele se tornasse uma pessoa tímida, frustrada, achando que era um erro pelo simples fato de ter nascido. Expliquei a ele que somos filhos de Deus, e como tais, assim como diz nas escrituras, ainda que meu pai e minha mãe me desamparem, o Senhor me recolherá e me fará chegar a lugares altos. Disse a ele: *"Chris, você nasceu para vencer e não importa o que os outros pensem a seu respeito, Deus te dotou de dons e talentos que só você possui e te fará chegar a lugares jamais imaginados por pessoas que não acreditam em você"*. Depois de conversar muito com ele, pude ver um brilho de esperança em seus olhos e uma mudança significativa de atitude.

Hoje Chris está feliz e confiante e sabe que a vida lhe reserva grandes coisas, que não temos que passar a vida achando que somos um erro da natureza e por isso viver uma vida de mediocridade por frustrarmos a expectativas de outras pessoas, mesmo que sejam nossos próprios pais. Podemos viver de forma diferente, sabendo que nem sempre o que nos ensinaram é realmente a verdade, às vezes as crenças que nos foram ensinadas não fazem nenhum sentido, simplesmente somos ensinados a agir daquela forma porque nossos pais foram ensinados assim e assim ensinam seus filhos, sem mesmo questionar se isso realmente é o melhor para eles. Às vezes nós mesmos limitamos o agir de Deus em nossas vidas, e Deus, como um cavalheiro que é, respeita nosso livre-arbítrio.

O nosso maior inimigo não está do lado de fora, ele está dentro de nós, nosso medo, raiva, sentimento de inferioridade e mediocridade e a falta de sentido de vida que corroem o nosso interior.

"Expectativa pode ser uma bênção ou uma maldição.... mas de qualquer maneira é certamente uma das mais poderosas forças invisíveis em nossa vida."

(Bob Proctor)

CAPÍTULO 5

O ESTILO DE VIDA AMERICANO

NÃO VIVA NA MEDIOCRIDADE

Muitas vezes vivemos uma vida medíocre e sem propósito simplesmente porque ainda não descobrimos o nosso propósito nesta Terra. As pessoas andam de um lado para o outro, mas não se dão conta de que estão fazendo a mesma coisa que seus pais fizeram e programaram em suas mentes, não sabem o que querem de verdade e trabalham apenas pelo dinheiro, não buscam o trabalho que os fará serem realizados profissionalmente. Temos que descobrir aquilo que esteja de acordo com nossos dons e talentos, dessa forma, nunca mais teremos que trabalhar para alguém que talvez seja até menos competente que nós.

Um dia, quando ainda morava nos Estados Unidos, recebi um conselho de um grande amigo que leu em um livro uma frase que dizia o seguinte:

> [...] descubra o que você ama fazer, se torne um especialista nessa área e você nunca mais terá que trabalhar por dinheiro, pois a sua remuneração será diretamente proporcional a necessidade por aquilo que você faz, sua habilidade em fazer, e a dificuldade que terá em te substituir. (Bob Proctor).

Obviamente ninguém é insubstituível, mas à medida que a pessoa se torna especialista na área que escolheu trabalhar, ela se torna muito difícil de ser substituída por outra pessoa com as mesmas qualificações e experiências.

O tempo em que morei nos Estados Unidos foi um tempo de grande aprendizado e experiências, pois o contato com pessoas e culturas de várias partes do mundo nos faz mudar paradigmas e compreender os diferentes modos de vida e diferentes tipos de crenças, mas o que pude perceber é que as pessoas de um modo geral são praticamente as mesmas, estão buscando uma forma de melhorar a qualidade de vida e a condição financeira, por isso os EUA é chamado de o país das oportunidades. Muitas vezes não temos consciência do nosso potencial e capacidade de desenvolvimento, o que todos estamos buscando na verdade á apenas estar consciente do que podemos fazer e do que somos capazes de fazer, como sempre diz um grande coaching, Paulo Vieira: CIS

> *"[...] o que eu não tenho, é pelo o que eu não sei, porque se eu soubesse, eu já teria".*

Um dia ouvi a história de um rapaz chamado Nicolas, ele trabalhava em uma empresa que produzia produtos congelados e sempre estava em contato com câmaras frias e baús refrigerados, ele era um bom funcionário, trabalhador e prestativo, estava sempre pronto a ajudar a quem quer que seja, mas Nicolas tinha atitudes e comportamentos um tanto estranhos, estava sempre preocupado, achando que alguma coisa muito ruim estava para acontecer, andava com medo e sempre achava que a qualquer momento poderia morrer, seja por acidente ou algum acontecimento inesperado.

Um dia o gerente chamou todos os funcionários e disse que naquele dia todos sairiam mais cedo para comemorar o aniversário de um importante colaborador da empresa e que a comida e a bebida seriam à vontade e por conta da empresa. Todos se animaram e ficaram felizes com a notícia e se prepararam para sair mais cedo do trabalho, terminando suas tarefas em tempo recorde, deixando tudo pronto para o próximo dia de trabalho. Nicolas, como um bom funcionário, também se preparava para sair mais cedo do trabalho, mas de alguma forma, ao pegar uma última caixa dentro de um baú refrigerado de caminhão, Nicolas se viu impelido a verificar também em outro baú se havia esquecido alguma coisa, mas de alguma forma Nicolas se trancou dentro do baú refrigerado de um caminhão de transporte que estava parado no estacionamento.

Ao se ver trancado, Nicolas entrou em pânico e começou a gritar para ver se alguém ouvia sua voz, mas todos os funcionários já haviam saído da empresa para comemorar o aniversário de um dos colaboradores, então Nicolas começou a socar a porta para ver se abria, socou com tanta força que seus dedos começaram a sangrar. Desesperado, Nicolas pensou: "Como vou fazer? Se eu não sair daqui o mais rápido possível, vou congelar até a morte", e quanto mais o tempo passava, mais apavorado ele ficava, mas não importava o quanto ele gritava ou socava, a porta estava realmente trancada e todos os trabalhadores já tinham saído da empresa. Então Nicolas começou a perder o calor de seu corpo e pensava: "o que eu vou fazer? VOU MORRER CONGELADO!". Quanto mais passava o tempo, mais Nicolas se entregava, na certeza de que a morte era certa. Já noite e achando que aquelas seriam as suas últimas horas de vida, Nicolas tentou escrever suas últimas palavras, achou um pedaço de papelão no canto e começou a escrever, e pensava "Se alguém não abrir a porta e eu sair logo, estas provavelmente serão minhas últimas palavras!". E foi.... No dia seguinte, quando chegaram os outros trabalhadores e abriram a porta do baú, encontraram Nicolas morto por hipotermia, não por asfixia, mas por perda excessiva de calor do corpo.

Chamaram a polícia e o mais incrível é que a perícia concluiu que Nicolas morreu em temperatura pouco abaixo de 22 graus Celsius, e que o baú refrigerado em que Nicolas ficou preso não estava ligado no momento de sua morte, de fato ele estava em manutenção por um bom tempo, pois não estava funcionando corretamente. Concluiu-se que Nicolas morreu porque ele esperava morrer e acreditava que a qualquer momento a morte o levaria, aquilo que ele mais temia veio a ocorrer, como diz no livro de Jó, Capítulo 3, versículo 25:

"Exatamente aquilo que eu mais temia desabou sobre a minha cabeça, e o que mais me dava medo veio me assombrar".

Quando ouvi essa história, não pude deixar de pensar como algumas pessoas hoje em dia agem de maneira similar a Nicolas, estão sempre esperando o pior acontecer, elas esperam falhar, elas esperam o fracasso, esperam a mediocridade e geralmente recebem o que esperam e se tornam o que acreditam; mas você e eu podemos acreditar em coisas boas, podemos obter crescimento em todas as áreas da vida; é possível acreditar que você pode ter mais, é possível ver a si mesmo tendo uma melhor performance e aumentando o seu padrão de vida grandemente.

Quando vierem tempos apertados e dias difíceis, não espere ficar nessa condição, espere sair do problema, espere o sobrenatural de Deus mudar sua condição. Quando os negócios diminuírem e o fluxo de caixa baixar, não espere entrar em falência ou quebrar, não faça planos para o fracasso, ore a Deus e ele te trará novos clientes. Não estou dizendo para você negar a realidade, mas simplesmente que sua atitude deve ser no sentido de que, mesmo que você chegue ao fundo do poço, saber que Deus vai mudar sua situação e usá-la a seu favor e te levantar muito mais forte do que antes.

Deus é soberano em todas as coisas, mas a decisão de mudança é sua. Deus jamais vai tirar o seu livre-arbítrio, portanto, se você mantiver seu foco nas coisas negativas em sua vida e manter sua atenção naquilo que você não pode fazer ou nas coisas que você não tem, pela sua própria escolha, você estará abrindo a porta de sua mente e deixando entrar pensamentos destrutivos, palavras, ações e atitudes que dominarão sua vida. Por outro lado, se você estiver dentro dos planos de Deus e abrir seus olhos para as oportunidades e possibilidades, sua fé fará com que Deus haja em seu favor, agindo de maneira sobrenatural em sua vida, e você irá ultrapassar todos os obstáculos que te impediam de passar para o próximo nível de vitória em sua vida. Mas a escolha é sua e depende de em quem você põe os olhos. Você está focado nos problemas? Ou seus olhos estão postos em Deus?

Muitas vezes, vivemos uma vida medíocre porque cremos que aquilo é tudo que conseguimos fazer, e ficamos presos pelo medo de avançar e conquistar aquilo que Deus tem preparado para nós. Temos um potencial incrível que Deus nos deu, podemos usar a nossa mente e nossa criatividade para criar a nossa realidade, mas isso só será possível se começarmos a nos ver como Deus nos vê, com todo o potencial que ele nos concedeu. Ele nos fez seus filhos e nos deu talentos, dons e uma capacidade enorme de criar coisas que nos farão chegar a lugares jamais imaginados, por isso não temos que andar com medo do que possa acontecer, temos que fazer o nosso próprio destino e saber que Deus nos fez para sermos vencedores, e fazer a diferença neste mundo, deixar um legado, ajudar pessoas que precisam e ainda não conseguiram ver a revelação do Espírito Santo e os planos que Deus tem para nós.

CAPÍTULO 6

A FÉ

A Bíblia diz, em Hebreus 11, versículo 1:

> *"Ora, a Fé é a certeza daquilo que esperamos e a prova das coisas que não vemos".*

A fé é acreditar que uma coisa é verdade e agir de acordo com essa crença. Todo mundo tem fé em alguma coisa. A Bíblia diz que devemos ter fé em Deus e no Seu Poder para mudar nossa vida, somos salvos pela fé em Jesus. Mas ninguém pode ter fé por você, certamente outras pessoas podem orar por você, elas podem crer por você, elas podem ler a Bíblia para você, mas você tem que exercitar a fé por si mesmo, se você sempre precisar de outras pessoas para se manter alegre e se encorajar, ou para te tirarem de problemas, você sempre viverá propenso a fraquezas, depressão e desapontamentos.

Assuma a responsabilidade pela sua vida e decida: "Não importa o que venha contra mim, eu acredito em Deus e vou ter uma visão positiva para minha vida". Claro que o testemunho de outras pessoas pode te encorajar a ter atitudes de fé, mas somente a sua própria fé pode fazer com que o milagre aconteça muito mais rápido do que a fé de outras pessoas. Aquilo em que você acredita tem muito mais impacto na sua vida do que o que outras pessoas acreditam.

Deus quer que tenhamos uma vida boa, abundante, cheia de amor e paz, isso não quer dizer que será fácil, mas que vai valer a pena e será bom. Você pode começar a acreditar nele por um melhor casamento, por mais saúde, mais alegria, felicidade etc. Comece a acreditar na abundância e prosperidade que Deus prometeu em Sua palavra e se torne um verdadeiro crente, assim você se tornará aquilo que acredita.

"Eu não sou o que aconteceu comigo, eu sou o que escolhi me tornar".

(Carl Jung)

CAPÍTULO 7

OS PRINCÍPIOS BÍBLICOS PARA A SUA VIDA FINANCEIRA

"não se mate de trabalhar tentando ficar rico, pois o seu dinheiro pode sumir de repente como se tivesse criado asas e voado para longe".

Provérbios 23:4

O dinheiro é um princípio, não devemos trabalhar pelo dinheiro, mas por um propósito, se trabalhamos por um propósito, o dinheiro passa a ser a consequência desse trabalho. No entanto, devemos trabalhar com sabedoria, ficar rico é consequência da forma como se trabalha e não do trabalho duro.

PARÁBOLA DA SEMEADURA

Mateus 13:3

"Um homem é capaz de contar quantas sementes tem um fruto, Deus sabe quantos frutos uma semente dará".

(Robert H. Schuller)

A parábola da semeadura nos fala de oportunidades, às vezes uma oportunidade que você teve e não aproveitou nunca mais volta, é como o dinheiro, o dinheiro que você perdeu nunca mais volta, você pode ganhar outro dinheiro, mas aquele que você perdeu, ou gastou de forma errada, não volta mais para você, por isso devemos ter respeito pelo dinheiro.

Talvez você seja aquele tipo de pessoa que abraça qualquer oportunidade, muitas vezes vemos pessoas que em um tempo estão em um negócio, muito animadas, e pouco tempo depois, quando você a encontra novamente e pergunta como está indo o seu negócio, ela diz: *"Ah! Aquele negócio não era tão bom, agora estou em um negócio realmente bom".* Esse tipo de pessoa não tem foco, não tem objetivo definido e passa a vida tentando vários tipos de negócios, com tentativas e erros, essa é a semente que está caindo em qualquer lugar, ela não vai brotar porque não tem fundamento, não tem propósito, a pessoa fica sempre mudando de negócio e achando que aquele é o melhor, só que se esquece de pensar, analisar, pedir ajuda a uma pessoa especializada na área. Isso não tem como dar certo, porque você só vai dar certo quando encontrar o seu propósito, encontrar a sua missão de vida.

Em empresas existem a missão e a visão, e nós como pessoas também precisamos encontrar a nossa missão e visão aqui na Terra, saber para que nascemos neste mundo, o porquê Deus nos deu tamanho potencial para crescimento, o qual muitas vezes nós não usamos. O nosso propósito não pode ser só nosso, não pode ser exclusivamente egoísta, pensando apenas em nosso bem-estar e de nossa família, o nosso propósito deve ser muito superior a nós, temos que fazer a diferença nesta Terra, temos que desenhar metas e objetivos atingíveis sim, mas que não sejam apenas para nós ou para o nosso tempo, temos que ter objetivos de melhorar em todas as áreas de nossas vidas e ajudar pessoas a alcançarem os objetivos e metas delas também. Podemos prosperar e ficar ricos sim! Mas que essa riqueza não seja apenas para servir a nós mesmos, e sim para servir ao próximo e ao reino de Deus.

> *"O diabo veio para matar roubar e destruir, mas eu vim para que tenham vida e a tenham em abundância".*
>
> *João 10:10*

Vida abundante significa riqueza, ausência de necessidade, tudo em excesso, excesso de amor, excesso de dinheiro, excesso de saúde, excesso de tudo em nossa vida. Então, quando as coisas não estão indo muito bem em nossa vida é porque estamos nos afastando de Deus, muitas vezes vivemos uma vida medíocre porque não aprendemos a assumir responsabilidades pelas nossas próprias escolhas e começamos a culpar os outros, culpamos o governo que rouba tudo, culpamos o pai, a mãe, o irmão ou a irmã, mas não olhamos para nós mesmos e não nos damos conta de que a vida que levamos, seja ela boa ou ruim, é resultado de nossas próprias escolhas.

Pensamentos, sentimentos e ações que tomamos são o que nos leva para onde estamos atualmente, e enquanto não reconhecermos que somos os responsáveis pela vida que levamos e somos os únicos que podemos mudá-la, tudo continuará da mesma forma. Temos que reconhecer que somos os responsáveis pelo que acontece em nossas vidas, seja uma coisa boa ou ruim, não importa, nós somos os únicos responsáveis. Tem pessoas que podem discordar e dizer: *"Ah, mas há coisas que não dependem exclusivamente de nós"*. Sim, realmente há coisas que acontecem conosco e não há o que se fazer para evitá-las, mas para essas coisas podemos contar com a proteção de Deus, e tirar algum proveito da situação.

Se você observar com atenção, verá que em meio ao caos há sempre uma lição a ser aprendida, uma situação a ser mudada e um grande aprendizado, Deus é especialista em transformar maldição em bênção, transformar aquilo que era para o mal em bem para sua vida. Então, quando uma situação dessas aparecer, preste atenção nos detalhes e no que deve ser aprendido, muitas vezes é um livramento de Deus para sua vida. Eu mesmo passei por uma experiência de grande dor quando quebrei o tornozelo em uma situação que parecia não ter qualquer sentido, mas depois eu entendi o propósito de Deus para minha vida naquela situação.

CAPÍTULO 8

O GRANDE LIVRAMENTO

Eu havia retornado ao Brasil em 2010, depois de morar por sete anos nos Estados Unidos. Para desenvolver um negócio próprio, fiz um curso de técnico em eletrotécnica e também técnico em telecomunicações e comecei a empreender na área, instalando interfones em condomínios e residências e sistemas de segurança, câmeras e motores para portões eletrônicos. Isso aconteceu em 2012, eu havia contratado um ajudante para fazer soldas elétricas e trabalhar comigo ele era serralheiro e muito caprichoso no trabalho, os negócios estavam indo bem e eu estava feliz porque estava prosperando. Esse rapaz que contratei bebia muito, mas era muito bom no que fazia, bom trabalhador, e eu vivia pregando para ele a palavra de Deus, dizendo que Deus poderia mudar a vida dele, mas ele sempre dava uma desculpa e dizia que algum dia iria à igreja junto comigo, largaria a bebida e o cigarro e se converteria. Às vezes ele chegava bêbado para trabalhar, eu acabava tolerando aquela situação porque não havia mais ninguém para me ajudar com as qualificações que ele tinha para o serviço.

Em um belo dia de trabalho à tarde, quando tínhamos terminado um grande serviço, deixei-o em sua residência e passei em uma oficina de lanternagem para verificar um orçamento de pintura de um outro carro que estava para consertar, encostei meu carro em uma subida de morro bem íngreme, quando saí do carro, havia um pouco de areia no asfalto na frente do carro, quando saí e comecei a caminhar senti que minha perna esquerda começou a derrapar na areia e não parou mais, o meu pé direito ficou para traz, de tal forma que todo o meu peso ficou sobre ele, ocorrendo uma torsão e uma capotada, quando me vi já estava no chão, e a única coisa que ouvi foi o estalo do osso que quebrou, meu pé virou para trás, fiquei ali estirado, sem saber o que tinha acontecido direito e o porquê daquela situação.

Aparentemente não tinha nenhum motivo lógico para eu ter quebrado qualquer coisa, quando o Samú chegou, levou-me para o hospital, levando aproximadamente cinco dias para fazerem a operação, para colocar parafusos e placas de metal no meu tornozelo. A princípio, eu fiquei completamente confuso e perguntava a Deus em minhas orações o porquê aquilo havia acontecido comigo, examinava minha vida para ver se eu havia de alguma forma pecado ou contribuído para aquela situação, pois não entendia o porquê Deus não me livrou daquele acidente. Fiquei cinco dias no hospital e mais 30 dias em casa sem poder trabalhar, meu ajudante ficou preocupado comigo e foi me visitar em casa e disse que precisaria continuar trabalhando, porque tinha contas a pagar. Propus-me a pagar as contas dele, mas com a condição de que ele ficaria me devendo para pagar depois que eu voltasse a trabalhar. Então ele se recusou e pegou apenas algum dinheiro emprestado para pagar depois com o seu trabalho, mas bem menos do que ele precisava, então eu disse a ele que não conseguiria trabalhar pelos próximos 30 a 60 dias no mínimo, e que ele poderia procurar outro emprego, porque eu não teria como ajudá-lo mais do que já ajudara.

Com 22 dias que eu estava em casa me recuperando do acidente recebi a desagradável notícia de que haviam matado meu ajudante, com mais de 10 tiros, fiquei chateado e ainda mais confuso, em que poderia estar metido aquele rapaz para ser tão terrivelmente assassinado. Comecei a me lembrar de algumas dicas que ele dava, mas eu não entendia, então deixava para lá. Depois fiquei sabendo que ele devia para traficantes e que estava jurado de morte, estavam atrás dele já há um bom tempo para matá-lo e iriam matar também qualquer um que estivesse com ele. Fiquei atônito ao saber da verdade sobre aquele rapaz, eu poderia ter sido morto juntamente com ele sem mesmo saber o motivo, se Deus não tivesse me dado o livramento quando quebrei o tornozelo, não sei o que seria de mim.

Deus já sabia que eu estava decidido em continuar trabalhando com ele porque ele era bom de serviço, mas Deus permitiu que eu quebrasse o tornozelo para me afastar daquele rapaz, até hoje fico impressionado com como Deus age em nossas vidas. Se for necessário, ele permite que você quebre uma perna ou um braço para preservar a sua vida, por isso, meu amigo leitor, quando algo ruim acontecer em sua vida, pode crer que é para seu próprio bem, pois Deus é especialista nisso, ele transforma maldição em bênção e muda as coisas para preservar a sua vida.

CAPÍTULO 9

SEJA VOCÊ O RESPONSÁVEL PELA SUA HISTÓRIA

Muitas vezes passamos a vida reclamando de situações que parecem fugir de nosso controle, situações que aparentemente não têm um propósito definido ou uma razão, mas pode crer, para essas situações há um Deus todo poderoso, que vela por nós e está no controle de tudo. Ninguém jamais morreu por ser provado, as provações são para o nosso crescimento, para o nosso desenvolvimento, e saiba você que crescer dói, crescer causa dor, e para nós passarmos para o próximo nível de nossas vidas, precisamos mudar primeiro a nós mesmos, precisamos estar preparados para novos desafios e para situações diferentes das quais estamos acostumados.

Não devemos jamais terceirizar as responsabilidades pelas coisas que acontecem em nossas vidas, esse é o primeiro passo para prosperar. Como na parábola da semeadura, se o terreno da sua vida não estiver preparado para receber as sementes das oportunidades, toda a semente que cair para você estará caindo em solo errado, em solo pedregoso, em solo árido, em solo infértil. Por isso, você deve preparar o solo do seu coração para receber as sementes das oportunidades que Deus concede a você, porque se seu solo não estiver preparado, a semente não vai brotar, não vai frutificar.

Muitas pessoas passam pela vida sendo apenas coadjuvantes em sua própria história, não assumem as rédeas da sua vida, acham que tudo é culpa dos outros e vivem esperando um salvador da pátria, alguém que os tire do lugar em que se encontram, seguem as massas, não se dão conta de que se eles não mudarem, nada mudará. A mudança começa internamente, temos que fazer as coisas acontecerem e não somente ficar esperando, como diz aquele trecho da música "pra não dizer que não falei das flores" de Geraldo Vandré: "quem sabe faz a hora e não espera acontecer".

Havia em uma região dois fazendeiros e ambos cristãos, eles oravam a Deus para que a chuva viesse, para que pudessem fazer as suas plantações, mas um deles orou e preparou a terra para receber a chuva, já crendo que Deus mandaria a chuva; o outro não preparou a terra. Qual dos dois você acredita que orou com fé e crendo que a chuva viria? Com certeza, aquele que preparou a terra. Existem pessoas que oram a Deus por um milagre em suas vidas, mas não tomam providências para que o milagre realmente aconteça. Quando Jesus transformou a água em vinho, a responsabilidade dos serventes era encher as talhas com água, e a transformação da água em vinho era responsabilidade de Jesus, a única coisa que eles fizeram foi obedecer a voz do mestre.

Existem cristãos que oram para que algo aconteça em suas vidas e ficam decepcionados quando nada acontece, porque não sabem realmente o que querem, muitas vezes oram por um milagre, mas o que precisam é de um processo, e Deus não vai fazer o processo para você. Transformar a água em vinho é milagre, mas transformar a uva em vinho não é milagre, é processo. Muitas vezes pedimos a Deus um milagre, mas o que precisamos é de um processo, um passo a passo, para a realização dos nossos objetivos. A uva vai virar vinho, é só fazer o processo correto que ela se transforma em vinho, não precisa de milagre. Agora, se você precisar de um milagre, Deus vai te dar. Nós não sabemos orar, muitas vezes oramos pedindo coisas às vezes até prejudiciais a nós mesmos, se Deus atendesse a todos os nossos pedidos, estaríamos perdidos. Fico lembrando quando pedi para morrer, quando apenas tive um pequeno aborrecimento temporário, se Deus atendesse nossos pedidos imediatamente, nenhum de nós existiria mais.

Graças a Deus não é assim que acontece, Deus conhece as nossas limitações e sabe que somos pó. O que nos enriquece é o processo, e a forma como conduzimos nossos negócios é ter discernimento de Deus para reconhecer o terreno e não semear a nossa semente em terreno pedregoso, árido ou infértil, temos que ter intimidade com Deus para reconhecer as oportunidades e semear no terreno certo, naquele em que a semente vai produzir.

CAPÍTULO 10

UM CRISTÃO PODE SER RICO?

Essa pergunta sempre ficou martelando na minha cabeça, nasci em um lar católico e fui ensinado desde cedo que os ricos são pessoas desonestas, gananciosas e só ficaram ricas porque fizeram algum tipo de trapaça, ou se aproveitaram de alguém, ou pagaram propina para serem beneficiados em alguma coisa. Cresci com sérias limitações financeiras e sempre que aparecia alguma oportunidade para ganhar mais, ficava imaginando se aquilo de alguma forma poderia me contaminar e eu me tornar uma pessoa má, egoísta e indigna de entrar no céu. Essas e outras eram minhas crenças limitantes, que me impossibilitavam de crescer financeiramente e viver o melhor de Deus.

Isso começou a mudar quando me converti ao evangelho e comecei a ler a Bíblia, a palavra de Deus me trouxe luz e pude ver que cresci acreditando em uma mentira, que ricos não vão para o céu, que é mais fácil um camelo passar pelo fundo de uma agulha do que um rico se salvar. Isso não é uma mentira, mas a interpretação que é dada a essa passagem sim. Quando descobri a verdade, chorei muito, muito mesmo, porque passei tanto tempo vivendo na mentira, achando que Deus não queria que eu ficasse rico, achando que a pobreza agradava a Deus. Depois que descobri que os grandes homens da Bíblia eram todos ricos, bem-sucedidos e sábios, assim como Salomão, que foi rei e o homem mais sábio de sua época, então a minha vida começou a mudar, e essa dúvida não mais pairava em minha mente: "Como posso ser útil aos planos de Deus se estou sempre quebrado?", pensava eu, mas busquei conhecimento, comecei a estudar a palavra de Deus, fiz cursos de educação financeira e minha vida começou a mudar, aprendi com Salomão os princípios para ter uma vida financeira próspera e saudável.

> *"Como é feliz o homem que acha a sabedoria, o homem que obtém entendimento, pois a sabedoria é mais proveitosa do que a prata e rende mais do que o ouro, é mais preciosa do que rubis; nada do que você possa desejar se compara a ela".*

Livro de Provérbios, capítulo 3:13, 14 e 15

Mas o que é sabedoria? Sabedoria é saber fazer, é conhecimento colocado em prática! Conheci muitas pessoas com alto grau de conhecimento, são doutores em determinada área, alguns até se gabam do conhecimento que possuem, mas olhando para suas vidas, o resultado que elas obtêm não condiz com o conhecimento e grau de formação que possuem, pois apenas adquiriram o conhecimento, mas não o colocaram em prática. Conhecimento sem prática não vale nada, não presta para nada, em Provérbios 13:16 parte A.

> *"Todo o homem prudente age com base no conhecimento".*

Quando vemos alguém de sucesso, muitos de nós desejamos aquele sucesso, eu mesmo já pensei assim: "Nossa! Como seria bom ter tamanha sabedoria e sucesso!", mas sem querer os bastidores do sucesso. Muitas pessoas que têm sucesso hoje em dia passaram muito tempo estudando e se preparando para chegar onde estão, para conquistar o que conquistaram. O grande jogador de basquete brasileiro Oscar Schmidt, chamado mão santa, passava oito horas por dia treinando como fazer uma cesta de três pontos, e quando vemos o cara jogando, imaginamos "Nossa! Como esse cara é bom", sem nem imaginar que ele treinava até a exaustão. Quando vemos um grande músico, com grandes habilidades, não imaginamos que ele passa várias horas por dia treinando técnicas e acordes para tocar tão bem.

Grande parte do sucesso que vemos em grandes homens e mulheres nos dias de hoje se deu quando ninguém estava olhando, eles construíram o sucesso na busca diária pela sabedoria e pela excelência. Não espere que Deus faça aquilo que é de sua reponsabilidade fazer, Deus dá o dom, mas a lapidação, o aperfeiçoamento dele é tarefa sua. A sabedoria de Salomão foi dada por Deus, mas também foi buscada incessantemente por Salomão, que se tornou referência bíblica de sabedoria e riqueza.

Salomão aprendeu com as tragédias que aconteceram em sua própria família. Ele nasceu em uma família atribulada, seu pai mandou matar o primeiro marido de sua mãe, seu irmão, Amenon, violentou a própria irmã, causando a ira de Absalão, que o matou e tentou tomar o reinado de seu pai. Vimos que Salomão tinha tudo para ser uma pessoa frustrada, mas não foi. Em Romanos 5:3 e 5 diz:

> *"Mas também nos gloriamos nas próprias tribulações, sabendo que a tribulação produz perseverança, e a perseverança, experiência, e a experiência esperança".*

Existem pessoas que acham que tudo de ruim que acontece com elas acontece porque é assim que tem que acontecer e não tem nada que possa ser feito para evitar, esse tipo de pensamento é muito prejudicial, pois a pessoa fica paralisada e não faz nada para mudar, costumam se vitimizar e viver uma vida de mediocridade, esquecendo-se de que imprevistos acontecem com todos, como está escrito em Eclesiastes 9:11:

> *"Percebi ainda outra coisa debaixo do sol: Os velozes nem sempre vencem a corrida; os fortes nem sempre triunfam na guerra; os sábios nem sempre têm comida; os prudentes nem sempre são ricos; os instruídos nem sempre têm prestígio; pois o tempo e o imprevisto sobrevêm a todos eles".*

Como vemos, imprevistos acontecem com todos nós, então temos duas opções para lidar com coisas que acontecem por acaso: primeiro, podemos nos vitimizar, ou segundo, podemos aprender com elas. O mais correto é aprender, assim como fez Salomão, e seguir em frente. Em Romanos 8:28, Paulo escreve:

> *"E sabemos que todas as coisas contribuem para o bem daqueles que amam a Deus; dos que foram chamados de acordo com o seu propósito".*

Nesta vida podemos olhar para as provações, frustrações e lutas e achar que tudo é assim mesmo, e que enquanto estivermos aqui na Terra, só nos resta passar por sofrimentos e amarguras. Por outro lado, você pode pegar essa verdade bíblica e aplicá-la em sua vida e saber que todas as coisas cooperam para o bem daqueles que amam a Deus e procurar aprender alguma coisa boa em meio aos problemas, e aprender com eles. Sabemos que os problemas que nos sobrevêm são na verdade uma preparação para mudarmos de nível, para obtermos crescimento tanto espiritual quanto material. Em todas as áreas da nossa vida devemos aprender com eles a sermos pessoas melhores a cada dia e fazer do problema uma forma de aprendizado, para que possamos chegar a lugares altos.

CAPÍTULO 11

SEGUINDO PLANOS BEM ELABORADOS

Em provérbios 21:5, Salomão escreveu:

"Os planos bem elaborados levarão à fartura; mas o apressado sempre acaba na miséria".

Nas nossas finanças pessoais, se quisermos sair das dívidas ou realizar um sonho, como a compra da casa própria ou um carro novo, precisamos fazer planos bem elaborados. Para atingir nosso objetivo, um plano de meta para curto, médio e longo prazo é sempre primordial para a conquista de qualquer objetivo específico, sempre pedindo as orientações de Deus para essa realização.

Saber exatamente o que se quer, isso é muito importante. Existem pessoas que não chegam a lugar nenhum porque não sabem o que realmente querem, trabalham em empregos que não gostam e fazem coisas que odeiam fazer, e sempre estão se queixando do trabalho que possuem, mas não sabem o que realmente querem e qual é seu propósito de vida, vivem mudando de trabalho, negócios ou emprego. Saber realmente o que se quer fazer na vida é essencial. Filipenses 3:14 diz:

"Irmãos, quanto a mim, não julgo que o haja alcançado; mas uma coisa faço, e é que, esquecendo-me das coisas que atrás ficam, e avançando para as que estão diante de mim, Prossigo para o alvo, pelo prêmio da soberana vocação de Deus em Cristo Jesus".

CAPÍTULO 12

OS SETE ERROS FINANCEIROS SEGUNDO A BÍBLIA

1ª ACREDITAR QUE O DINHEIRO NÃO É IMPORTANTE

A grande maioria dos cristãos hoje em dia está com problemas financeiros, muitos com dívidas e restrições de crédito, e isso se deve a grandes erros financeiros, resultado de desconhecimento dos princípios de Deus, para sua vida financeira, más escolhas e maus hábitos financeiros. Talvez você já tenha dito ou ouviu alguém dizer: "*Dinheiro* não é importante, dinheiro é sinônimo de problemas, eu não me importo com o dinheiro".

Sejamos francos, pensamentos assim contradizem o propósito de Deus para sua vida financeira, pois Deus considera o dinheiro não só importante, mas muito importante, é por isso que a Bíblia está repleta de ensinamentos e princípios relacionados às finanças. Você sabia que das 613 leis escritas no Pentateuco, que são os cinco primeiros livros da Bíblia, mais de 100 abordam assuntos que estão relacionadas ao dinheiro? Jesus falou sobre dinheiro cerca de 80 vezes, ele abordou o assunto finanças em 16 parábolas descritas na Bíblia. No sermão da montanha, cerca de 20% do que Jesus falou foi sobre finanças, especialmente o que é descrito nos capítulos 5, 6 e 7 do livro de Mateus. Com isso podemos perceber que acreditar que o dinheiro não é importante é se enganar, afinal, Deus não falaria tanto de um assunto se não fosse importante.

O dinheiro está envolvido em tudo que fazemos no nosso dia a dia e praticamente tudo tem relação com ele, negligenciar a sua importância abre portas para muitos problemas. Para exemplificar a importância do dinheiro em nossas vidas podemos citar uma pesquisa da universidade do Kansas, em USA, que relata que uma vida financeira desestruturada motiva 56% dos divórcios. Além disso, é comprovado cientificamente que problemas financeiros podem causar insônia, falta de apetite, estresse, baixa autoestima, entre outros problemas, certamente não é esse o propósito de Deus para sua vida.

Agora, pense comigo, se você dissesse para seu cônjuge que ele ou ela não é importante para você, será que ele ou ela permaneceria ao seu lado? Se você dissesse a um amigo que ele não é importante para você, será que ele continuaria sendo seu amigo? Se você dissesse para seu patrão, empregador, ou se você é patrão e dissesse para seu funcionário que ele não é importante para você, ele permaneceria contigo? Você possuiria um carro se ele não fosse importante para você? Claro que não. Esse princípio também funciona para o dinheiro, uma vez que não o consideramos importante, ele se afasta de nós, logo, você nunca terá uma boa vida financeira. Nesse sentido, quero que você se lembre de todos os seus amigos e conhecidos que falam que dinheiro não é importante, reflita sobre a vida financeira deles e veja se estão bem financeiramente. Quando eu fiz isso, percebi que todos que conhecia que sempre diziam que dinheiro não era importante tinham uma vida financeira desequilibrada e cheia de dividas.

Quando li o livro de Robert Kiyosaki, *Pai rico, Pai pobre*, pude aplicar muitos de seus princípios e ensinamentos em minha vida financeira, encontrei os erros que cometia e pude mudar muita coisa na minha vida financeira. Esse autor disse em um de seus livros que:

> *"[...] o dinheiro não é a coisa mais importante do mundo, mas afeta todas as coisas que são importantes".*
>
> *Robert Kiyosaki*

Uma busca séria por autodesenvolvimento e conhecimento pessoal exige conhecimento do significado que o dinheiro tem para nós, entender a importância do dinheiro e sua relação com ele é um dos principais pilares do conhecimento pessoal. Jesus já dizia, em Mateus 6:21: *"Onde está o teu tesouro aí estará o teu coração"*.

É fundamental conhecer a devida importância do dinheiro, de modo que ele não seja mais nem menos do que de fato é.

2ª SE APEGAR AO DINHEIRO

Em 1ª Timóteo 6:10 diz:

> *"Porque o amor ao dinheiro é a raiz de toda a espécie de males; e nessa cobiça alguns se desviaram da fé, e se traspassaram a si mesmos com muitas dores".*

Se você só pensa em ganhar dinheiro, tendo isso como sua maior prioridade, e o que você ganha nunca é o suficiente, isso pode ser um indício de que você tem amor ao dinheiro, o que pode ser muito prejudicial. Em nosso país vemos muitos se entregarem à corrupção por amor ao dinheiro, em nossa cidade e região vemos pessoas roubando, assaltando, matando por amor ao dinheiro, também vemos pais que não acompanham o crescimento de seus filhos e casais que se separam por amor ao dinheiro. Descontrole financeiro é um dos principais motivos de separação hoje em dia, o dinheiro por si só não vale nada, ele é somente um pedaço de papel que foi acreditado pelas pessoas, ele é a consequência de uma vida, e não o fim dela, por isso não devemos ter apego ao dinheiro. Quando tiramos o foco do dinheiro e começamos a focar em ajudar pessoas a resolver seus problemas, nossas chances de prosperar aumentam e muito, porque a prosperidade vem de Deus, mas através de pessoas quando ajudamos na resolução de muitos problemas, ajudamos muitas pessoas e passamos a ser pagos pelo que sabemos fazer ou ensinar, por isso temos que nos tornar especialistas no que fazemos.

"[...] porque a nossa renda está ligada e será diretamente proporcional à necessidade pelo que você faz sua habilidade em fazer e a dificuldade que tem em te substituir, claro que ninguém é insubstituível mas na medida que você se torna um especialista naquilo que faz fica muito difícil te substituir".

(Bob Proctor)

Quando Salomão orou a Deus, Deus lhe respondeu e disse a ele: "Peça o que quiseres e te será feito". Salomão naquele momento poderia ter pensado em si mesmo, somente pedindo riquezas e glória, mas ele sabiamente pediu a Deus sabedoria para governar o povo, ele não estava pensando em si mesmo, mas no bem-estar do povo, por isso Deus se agradou de seu pedido, concedendo-lhe sabedoria e também o tornando o homem mais rico de sua época. Ele não pediu para si mesmo, mas para o seu povo, pois queria governar com excelência. Tenha certeza de uma coisa:

"A verdadeira medida de nossa riqueza está em quanto valeríamos se perdêssemos todo o nosso dinheiro".

(J. H. Jowett)

Há quem diga que o dinheiro é a raiz de todo o mal, mas como lemos em Mateus 6:10, esse pensamento está equivocado, é o amor ao dinheiro que é a raiz de todos os males. O mesmo dinheiro que serve para pagar propina a um agente público serve para salvar uma vida comprando medicamentos, tudo depende do destino que se dá ao dinheiro. O que você tem feito com seu dinheiro? Será que o está utilizando corretamente? Ele tem sido usado para o bem ou tem causado toda a sorte de males em sua vida?

3ª NÃO CONHECER A FONTE

Muitas pessoas pensam que a fonte da sua riqueza ou de qualquer dinheiro que possuem são seus trabalhos, negócios ou empresas, mas na verdade tudo vem de Deus! Ele é a fonte de todas as coisas, não teríamos nada se Deus não permitisse.

Você nasceu sem nenhum dinheiro, e também, quando morrer, não vai levar qualquer dinheiro, portanto, nada que temos de fato é nosso, passamos pela vida sabendo que tudo vem de Deus, que aquilo que possuímos não é nosso. Alguns podem discordar e dizer: *"Eu trabalho, por isso meu dinheiro vem do meu trabalho"*, mas, na verdade, tudo vem de Deus. Se você tem um trabalho, seu dinheiro vem de Deus por meio de seu trabalho, empresa ou negócio. Na verdade, seu negócio, emprego ou qualquer tipo de trabalho é apenas o instrumento que Deus usa para abençoar você, e tudo que você possui é dele, somos apenas administradores temporários das posses de Deus, ele é a fonte de todas as coisas, portanto, devemos administrar os bens que Deus nos confiou com zelo e cuidado, pois não são nossos, mas de Deus.

4ª TRATAR O TRABALHO COMO SE FOSSE UM CASTIGO

Muitos tratam o trabalho como se fosse um castigo, achando que o trabalho foi uma punição ao homem pelo pecado cometido por Adão, como diz em Gênesis 3:17:

> *"Ao Homem disse: Portanto destes ouvidos a voz de tua mulher, e comeste da árvore que te ordenei dizendo: Não comerás dela; Maldita é a terra por tua causa; em fadiga comerás dela todos os dias da tua vida".*

Mas pensar dessa forma é um grande erro, pois Deus disse a Adão "em fadiga comerás dela todos os dias da sua vida", e não que trabalhar seria um castigo, na verdade, Adão já trabalhava antes, conforme está escrito em Gênesis 2:15:

"E tomou o senhor Deus o homem, e o pôs no jardim do Éden para o lavrar e o guardar".

E isso foi por determinação de Deus, portanto trabalhar não pode ser considerado um castigo, pois até mesmo Jesus trabalhava, como está escrito em João 5:17:

"Meu pai trabalha até agora e eu trabalho também".

Como Jesus poderia fazer algo que seria um castigo aos homens? Portanto, o trabalho foi criado por Deus e devemos trabalhar com prazer. Devemos escolher o trabalho que esteja de acordo com nossas aptidões, talentos e qualificações, porque, dessa forma, teremos prazer em trabalhar e isso nunca vai parecer um castigo. De fato existem pessoas que trabalham só pelo dinheiro, estão fazendo coisas que odeiam e isso se torna um fardo difícil de carregar, por isso devemos trabalhar naquilo que amamos fazer, pois dessa forma faremos o nosso melhor.

Como é recomendado na Bíblia, em 1ª Coríntios 9:10, que diz:

"O que lavra deve lavrar com esperança e o que debulha deve debulhar com esperança de ser participante".

Acredite no seu trabalho e tenha fé, pois sem fé é impossível agradar a Deus. Em Colossenses 3:23-24, diz:

"E tudo que fizerdes, fazei-o de todo o coração, como para o senhor, e não aos homens, Sabendo que recebereis do Senhor o Galardão da herança, porque a Cristo, o senhor, Servis".

5ª NÃO SE PREPARAR PARA TEMPOS DE CRISES

O mundo é cíclico, sabemos que as crises sempre vêm e vão, empregos não são permanentes, empresas abrem e fecham, e muitas vezes não nos preparamos para o momento de crise, mas o que pode ser feito para superarmos os momentos de crises sem passar necessidade? A resposta para isso é simples, mas não é fácil: temos que nos preparar e aprender a poupar, separar uma parte de nossa renda para o momento de escassez. Na Bíblia temos um belíssimo exemplo do que fazer em momentos de crises. Na história de José do Egito, durante os sete anos de prosperidade, José separou 20% de tudo que foi produzido, para utilizar durante os sete anos seguintes de escassez. Essa foi a visão que Deus deu a José, a providência foi tomada e isso teve consequências incríveis, colocando o Egito em uma posição de destaque no mundo. Enquanto todo o resto do mundo passava fome, o Egito ficou riquíssimo, sendo a solução para a crise. Assim também pode acontecer conosco, quando poupamos, nos tornamos mais prósperos e teremos não somente para nós, mas também para abençoar a vida do nosso semelhante.

6ª NÃO SER FIEL AOS SEUS PRINCÍPIOS

Em qualquer processo de educação financeira, precisamos conhecer a nós mesmos, é preciso conhecer nossos princípios e valores para organizar a nossa vida financeira. Dessa forma, esse conhecimento vai determinar o nosso planejamento financeiro, precisamos gastar o nosso dinheiro naquilo que valorizamos, *"porque onde estiver o teu tesouro ai também estará o seu coração"* (Mateus 6:21). Ao ler esse versículo, devemos analisar se gastamos o nosso dinheiro corretamente, naquilo que realmente importa, não devemos negar nossos valores por desconhecimento ou por desejos de consumo temporários e desnecessários, o domínio próprio deve ser uma característica marcante em nossas vidas, nenhuma outra coisa testa tão bem a espiritualidade de uma pessoa do que a forma como ela lida com seu dinheiro.

7ª NÃO FAZER DOAÇÕES

E nesse sentido não estou dizendo apenas os dízimos e as ofertas que você faz na igreja, isso é normal, um dever de todo cristão em cumprimento aos mandamentos bíblicos e um princípio de prosperidade que Deus manda até mesmo fazer prova dele, conforme está escrito em Malaquias 3: 10:

> *"Tragam o dízimo todo ao depósito do templo, para que haja alimento em minha casa. Ponham-me à prova, diz o senhor dos Exércitos, e vejam se não vou abrir as comportas dos céus e derramar sobre vocês tantas bênçãos que nem terão onde guarda-las".*
>
> **(Versão N.V.I.)**

No livro de Provérbios 11: 24, e 25, diz:

> *"Há quem dê generosamente e vê aumentar suas riquezas; outros retêm o que deveriam dar, e caem na pobreza".*
>
> *"O generoso prosperará; quem dá alívio aos outros, alívio receberá".*

Nesses versículos podemos ver claramente que para receber é preciso dar, e para ser servido primeiro é preciso servir. Fazer doações a outras pessoas não quer dizer somente de dinheiro ou coisas, muitas vezes podemos também doar o nosso tempo ou nosso trabalho para ajudar alguém, como voluntários em alguma obra social e várias outras oportunidades que podemos ter. Fazer doações é um princípio de prosperidade ensinado até mesmo por grandes especialistas da área de finanças e faz parte dos pilares da educação financeira, que são:

1. GANHAR;

2. POUPAR;

3. INVESTIR;

4. GASTAR; e

5. DOAR.

Muitos, na busca desesperada pelo dinheiro, se esquecem da real motivação por trás da busca pelo dinheiro, e quando doamos a alguém, esse ato faz com que retiremos o foco do dinheiro e passemos a focar nas pessoas, em ajudá-las, porque só assim podemos ser realmente prósperos. Ao conhecermos os planos de Deus para a nossa vida financeira e os aplicarmos, poderemos ter uma vida próspera, equilibrada e evitar erros que muitos cometem, pois a forma como tratamos o dinheiro é que revela aquilo que nós priorizamos.

CAPÍTULO 13

ESPERAR EM DEUS NÃO É FICAR SEM FAZER NADA

Muitos de nós, às vezes, pensamos que esperar em Deus é aguardar as providências dos céus, mas Deus, em sua palavra, nunca falou para fazermos isso, Deus deixou as coisas prontas, a natureza, a matéria, para que nós criássemos o resto. A função de Deus já foi feita no processo de criação, o restante é com o homem, Deus nunca fará algo que é de nossa responsabilidade. Portanto, se quisermos melhorar o nosso ambiente, temos que criá-lo de acordo com nossos desejos e vontade, criando objetos úteis ao nosso dia a dia, e não agirmos como se fôssemos os senhores e Deus o nosso servo, pois ele nos deu inteligência e sabedoria para que possamos trabalhar e desenvolver coisas e objetos para a solução de problemas utilizando a matéria-prima criada por Deus.

O grande erro de muitos cristãos nos dias atuais é que pensam que esperar em Deus é ficar sem fazer nada, somente esperando pela vontade de Deus, como se para resolver problemas simples da vida, Deus tivesse de intervir, como em uma situação insolúvel aos olhos humanos, pensamos que precisamos de um milagre, mas o que precisamos é de um processo de criação contínuo, para solucionar os problemas mais triviais da vida moderna. Por isso, devemos desenvolver as nossas capacidades e inteligência, pois Deus já nos capacitou com tudo que precisamos para mudar o mundo, evangelizando e ganhando almas para Jesus, aprendendo e ensinando os princípios da palavra de Deus para termos uma vida próspera e abençoada de acordo com a vontade Dele para nós. Precisamos entender que Deus já nos capacitou com o que precisamos para resolver os problemas da vida, ter melhores relacionamentos, empresa próspera etc.

CAPÍTULO 14

ABRAÃO E SARA

No Velho Testamento até os dias atuais, Abraão é chamado pai da fé, porque saiu de sua terra confiando somente nas promessas de Deus, e uma dessas promessas foi que Deus lhes daria um filho, apesar de estar já com quase 100 anos de idade. Um anjo veio e falou a Abraão que Sara conceberia e teria um filho, Sara estava na porta da tenda e ao ouvir a história começou a rir, ela provavelmente pensou "Ah! Abraão, você deve estar brincando, eu não vou ter nenhum filho! Já estou muito velha. Isso nunca vai acontecer comigo, e olha só, você também não é mais jovem não, viu.".

Após vários anos se passarem, Sara e Abraão ainda não tinham filhos, depois de um bom tempo, eles acharam que deveriam ajudar Deus a cumprir sua promessa, Sara disse a Abraão para se deitar com sua serva Agar, assim, por meio dela a promessa seria cumprida e eles teriam um filho. Agar concebeu e teve um filho e deu a ele o nome de Ismael, mas esse não era o plano de Deus, Deus queria dar a Sara um bebê, ela mesma teria que conceber e dar à luz um filho, mas vários anos se passaram e Sara não tinha filhos. Finalmente Sara ficou grávida. O que será que mudou? A promessa de Deus era a mesma durante todo o tempo, eu acredito que a chave para o cumprimento da promessa de Deus na vida de Sara foi que ela tinha que conceber em seu coração antes de conceber em seu corpo físico, ela teria que acreditar que poderia ficar grávida antes mesmo de conceber a criança.

Aproximadamente 20 anos depois que Deus fez a promessa é que Isaque veio a nascer, para a alegria de Abraão e Sara. Eu acredito que a maior razão pela qual ele não nasceu antes e o motivo do atraso no cumprimento da promessa por anos e anos foi o simples fato de que Sara não conseguia conceber em seu coração, ela não conseguia se ver como mãe pelos olhos da fé.

Eu fico imaginando quantas coisas maravilhosas Deus tenta fazer em nossas vidas e, muitas vezes, como Sara, nós atrasamos as promessas de Deus em nossas vidas, atrasamos o favor de Deus devido aos nossos pensamentos limitados, a condição do nosso coração, que não está certa, ele está cheio de coisas negativas e crenças limitantes, e isso pode se tornar trágico se não mudarmos nossas crenças, podemos passar a vida toda perdendo as grandes bênçãos que Deus tem para nós.

Muitas vezes, nós mesmos é que limitamos o agir de Deus em nossas vidas por meio da nossa limitada maneira de pensar. Aprenda a conceber aquilo que você quer, mantenha a imagem daquilo que você quer se tornar na tela da sua mente, você vai se tornar aquilo em que acredita. Talvez Deus te disse algo que parece totalmente impossível, mas pare de focar nas suas impossibilidades e naquilo que você não pode fazer e comece a colocar toda a sua atenção e foco naquilo que Deus pode fazer. A Bíblia diz que as coisas que são impossíveis aos homens são possíveis a Deus, e com Deus você poderá fazer grandes coisas, deixe essa semente crescer dentro de você, você não precisa saber como Deus vai resolver o seu problema, você não tem que ver como ele vai fazer isso acontecer, isso é responsabilidade dele, essa não é sua função, sua função é somente crer e viver em fé e esperança.

Deus pode fazer coisas que nós, humanos, não podemos, Deus não está limitado às leis naturais que ele criou exclusivamente para nós, se você deixar essa semente tomar lugar em seu coração e crescer, e depositar sua confiança e esperança no senhor, Deus com certeza vai fazer isso acontecer na sua vida. Se você puder ver o invisível, Deus fará o impossível, não tenha uma visão estreita, em vez disso, comece a se ver como filho de Deus, veja-se recebendo coisas boas do papai do céu. Amigo leitor, se você fizer a sua parte, acreditando e tendo uma grande visão para sua vida, vivendo em fé e esperança e vendo você mesmo como Deus te vê, Deus te levará a lugares que outras pessoas dirão ser impossíveis de experimentar antes de chegar ao céu, você se tornará aquilo que acredita.

CAPÍTULO 15

DESENVOLVA UMA MENTE PRÓSPERA

Eu creio que Deus nos criou com todo o potencial que precisamos, Ele nos conhece mais do que nós mesmos, e sabe da nossa capacidade, por isso precisamos desenvolver uma mente próspera. Desde quando nos criou, Deus nos equipou com tudo que precisamos para viver uma vida próspera e abundante, Ele plantou dentro de nós sementes de grandeza cheias de possibilidades, com incrível potencial de criar ideias e sonhos. Mas apesar de você e eu estarmos equipados com todas essas possibilidades de realizações, isso não quer dizer que as coisas vão acontecer de forma automática, você tem que começar a bater nessa tecla! Em outras palavras, você tem que acreditar que você já possui o que precisa para ser um vencedor, você tem que manter bem claro em sua mente que você é filho do Deus todo poderoso e foi criado para grandes coisas.

Deus não nos criou para viver na média, Ele nos criou para vivermos na excelência e deu a você habilidades, talentos, sabedoria e um poder sobrenatural para fazer e realizar, você tem agora tudo o que precisa para cumprir o propósito de Deus na sua vida. A Bíblia diz que Deus nos abençoou com todas as bênçãos espirituais, sabemos que essa escritura está no passado, isto é, Deus já fez, ele já depositou em nós tudo o que precisamos para termos sucesso em todas as áreas da vida.

Agora, depende de nós começarmos a agir, atuar com aquilo que já possuímos. Por meio da Bíblia, Deus disse grandes coisas sobre você, mas essas bênçãos não acontecem automaticamente, você tem que fazer a sua parte, acreditando que você é abençoado, vendo-se como abençoado, tendo atitudes de uma pessoa abençoada, quando você faz isso, a promessa se torna realidade em sua vida, nós temos que entender que o preço já foi pago para que tenhamos paz, alegria e felicidade, isso faz parte do pacote que Deus deixou disponível para você e eu.

Gosto muito de uma frase que o pastor Márcio Valadão sempre fala, ele diz:

> *"[...]Tudo na vida é como termina é o que se conta! Não importa como começou, o que importa é como termina".*

Você pode ter começado a vida experimentando pobreza extrema e horríveis condições, até mesmo sub-humanas, desespero, abusos e outras coisas negativas durante a sua infância. Você talvez tenha dificuldades para apagar essas coisas negativas da sua mente, mas não deixe que experiências negativas do passado ditem o curso da sua vida de agora e futura! Você pode ter começado a vida dessa forma, mas isso não quer dizer que você precise terminar dessa forma, você precisa ter uma visão fresca e absolutamente nova do que Deus pode fazer em sua vida e desenvolver uma mente próspera. Eu mesmo tive que fazer algo semelhante, cresci com uma mentalidade pobre e uma completa aversão a pessoas ricas, achava que eram tremendos pecadores e que tínhamos que nos manter afastados de tais pessoas. Eu achava que só prosperava quem roubava ou usava de falcatruas para obter lucros e levar vantagens sobre outras pessoas. Uma das frases que eu mais usava era "dinheiro não dá em árvores", eu sempre usava frases limitantes e que me prendiam sempre na mesma situação. Eu sempre me sentia vítima da sociedade, e o pior é que comecei a esperar a pobreza, e quanto mais eu pensava na situação em que me encontrava e como as coisas estavam difíceis, pior elas ficavam, eu nem mesmo conseguia receber as bênçãos de Deus, pois não me achava merecedor, achava que tinha que permanecer pobre para merecer o reino de Deus, tamanha era a minha ignorância! Não sabendo eu que o reino de Deus não se alcança por merecimento, ele é de graça e graça é favor imerecido, esse favor de Deus ninguém merece, não se pode alcançar por boas obras ou por ser rico ou pobre.

Em João 8:32, a Bíblia diz:

> *"[...] e conhecereis a verdade e a verdade vos libertará".*

Depois que conheci a verdade, pude entender João 3: 16, 17, que diz:

> *"Porque Deus amou o mundo de tal maneira que deu o seu Filho Unigênito, para que todo aquele que nele crê não pereça, mas tenha a vida eterna. 17 Portanto, Deus enviou o seu Filho ao mundo não para condenar o mundo, mas para que o mundo fosse salvo por meio dele".*

Portanto, para sermos salvos, só precisamos aceitar o sacrifício de Jesus pelos nossos pecados, aceitando Jesus como nosso único e suficiente salvador.

A maior pobreza que uma pessoa pode ter é a pobreza mental, pois mesmo que Deus coloque diante dela grandes oportunidades de sair da pobreza, ela não aceitará, ou não aproveitará, pois acredita que precisa permanecer pobre para agradar a Deus, o que é uma grande inverdade.

Portanto, meus amigos leitores, precisamos aprender que, como filhos de Deus que somos, podemos viver uma vida abundante, podemos prosperar, e não tem problemas se ficarmos ricos, nós até temos que ficar na expectativa de sermos abençoados. Assim como é importante aprender a receber a bênção, também tem a mesma importância aprender a dar uma bênção, aprender a ser bênção. Onde quer que for, não deixe crescer dentro de você o costume de viver com menos, fazer menos, ser menos, até o ponto de que simplesmente relaxe e aceite isto: "Ah, eu sempre fui pobre e é assim que deve ser" ou "Vou continuar sendo pobre".

Não faça isso, comece a olhar com os olhos da fé e se veja alcançando um novo nível, veja-se prosperando e mantenha essa imagem em seu coração e em sua mente. Você pode até estar vivendo na pobreza no momento, mas nunca deixe a pobreza viver em você. A Bíblia diz que Deus tem prazer em prosperar seus filhos, Deus tem muito mais prazer quando você prospera, espiritual, física, material e financeiramente.

Eu sou pai de três filhas, três lindas meninas, o que você pensaria de mim como pai se eu te apresentasse minhas três filhas e elas estivessem com roupas rasgadas, descalças, com cabelos despenteados e sujeiras debaixo das unhas? Você provavelmente diria: "Esse homem não é um bom pai, ele não cuida bem de suas filhas". Por isso, a pobreza e o descuido de minhas filhas têm reflexo direto sobre mim como pai, da mesma forma é quando levamos a vida de qualquer maneira e com mentalidade pobre, isso não glorifica a Deus e nem honra o nome Dele, Deus não tem prazer quando levamos uma vida medíocre, depressiva, propensa ao fracasso e desencorajados pelas circunstâncias. Deus tem prazer quando desenvolvemos uma mente próspera.

CAPÍTULO 16

TEMPOS DE AMÉRICA: EUA

Durante o tempo em que vivi na América, nos EUA, mudei do estado de Massachusetts para o estado da Flórida, bem na época do estouro da bolha imobiliária em 2007. Comecei a trabalhar com o que sabia na época, limpeza de restaurantes, de meia noite as 6h da manha e no Dunkin' Donuts das 17h às 11h da noite, era uma jornada exaustiva, então deixei o trabalho do dia e permaneci somente a noite, minha esposa trabalhava durante o dia, e às vezes nos víamos por breves momentos, e quando ela chegava eu estava dormindo, porque trabalhava de meia-noite até 6h da manhã. Nossa filha mais nova passava a maior parte do tempo comigo, eu chegava em casa por volta de 6h30 até as 7h da manhã e minha esposa saía às 7h da manhã, para seu trabalho.

Um dia me atrasei um pouco no trabalho, minhas outras duas filhas iam para a escola às 6h da manhã e voltavam por volta das 14h. Nesse dia eu me atrasei um pouco, e quando estava a caminho de casa, minha esposa me ligou, perguntando se eu me atrasaria muito, respondi a ela que estava a caminho de casa e que demoraria no máximo uns 15 minutos. Ela disse que sairia para o trabalho e deixaria nossa filha de 4 anos sozinha por esses 15 minutos, tempo suficiente para que eu chegasse em casa. Eu disse que tudo bem, que chegaria rápido. Ela saiu, fechou a porta e quando eu cheguei, por volta das 7h15, abri a porta e comecei a procurar nossa filha por toda a casa.

Havíamos comprado uma casa na cidade de Coconut Creek, na Flórida, uma casa bastante confortável, com três quartos, sala, cozinha planejada com todos as mobílias dentro, possuía também dois *walk in closet* (guarda-roupa embutido). Procurei na cozinha nos dois banheiros, no quarto das meninas, nos *closets* e até na garagem, comecei a ficar apavorado, achando que ela poderia ter saído sozinha naquele condomínio. Quando pensei em ligar para minha esposa, para ver onde a Carol poderia ter ido, lembrei que ainda faltava um lugar para procurar. Quando abri a porta do meu quarto, achei a pequena Anna Carolina sentada em cima da minha cama, com uma almofada de um lado, outra do outro lado, com uma tigela de pipoca em uma mão e o controle da televisão na outra, olhei para ela e sorri, aliviado por tê-la encontrado, ela sorriu de volta para mim e disse *"Daddy, this is the life"* ("Papai, isso é que é vida"). Eu tentei não rir do que ela fez, mas na verdade a atitude de minha filha Anna me fez sentir bem como pai, fiquei feliz por ela se sentir confortável em entrar em meu quarto, deitar em minha cama e até comer pipoca em cima dela, fiquei feliz por ela saber que é parte da família e que tudo que temos é dela também.

Meu amigo leitor, se você quer fazer com que Deus se agrade de sua atitude, comece a aproveitar as bênçãos que ele deixou disponíveis para todos nós. Você não tem que viver com medo, culpa, condenação e vergonha, você não tem que passar a vida preocupado, o preço já foi pago e sua liberdade já estava incluída nele.

CAPÍTULO 17

SEJA FELIZ COM A PESSOA QUE VOCÊ É

Muitas pessoas não sabem que a causa de seus muitos problemas físicos, sociais e emocionais é o simples fato de não gostarem de si mesmas, sentem-se extremamente desconfortáveis com a própria aparência, de como falam e das atitudes que têm, não gostam da própria personalidade, estão sempre se comparando com outras pessoas, principalmente agora, com as mídias sociais, desejando ser alguém diferente. Mas se você quer realmente aproveitar todo o potencial de sua vida, você tem que aprender a se sentir confortável com o indivíduo que Deus o fez para ser. Entenda isto: você não foi criado para imitar ninguém, você foi criado para ser você, seja original, não uma cópia, aprenda a ser diferente, esteja certo daquilo que Deus o fez para ser. Então, saia da sua zona de conforto e seja o melhor que você pode ser, Deus nos deu diferentes talentos, dons e personalidades com um propósito, nós não precisamos da aprovação de ninguém para fazer o que Deus nos mandou fazer. É claro que temos que estar abertos para conselhos, eu não estou sugerindo que você seja orgulhoso e rebelde, mas estou sugerindo que você tenha liberdade em sua vida espiritual.

Como cristãos, nós não temos permissão para viver uma vida de qualquer maneira, fora da proteção de Deus e fora dos caminhos e propósitos que o Senhor nos deu, mas sim temos a bênção de Deus para vivermos confiantes e não deixarmos que as pressões de fora nos moldem de acordo com alguém ou alguma coisa que não somos, temos que aprender a apreciar as diferenças uns dos outros.

Não tente espremer todo mundo dentro da sua caixa, mas também não deixe qualquer um mudar o seu estilo. Certamente nós podemos sempre aprender muito com outras pessoas, e algumas vezes precisamos estar abertos a mudanças, mas você não precisa se sentir inseguro por não ter o mesmo físico, a mesma aparência, o mesmo emocional, ou o mesmo intelecto que outra pessoa tem, seja feliz com quem e como Deus lhe fez.

Quando você se deparar com decisões difíceis e escolhas incertas, é bom procurar conselhos de alguém em que você confie e respeite, nós devemos sempre estar abertos e prontos a receber conselhos e advertências. Depois que você orou sobre esse assunto e olhou todas as opções, e ainda não se sentiu bem sobre isso, seja forte o suficiente para tomar a decisão que seja correta para você naquele momento. Se você tentar agradar a todos, ou fazer coisas que você realmente não quer, simplesmente porque não quer magoar alguém, pela sua própria escolha você estará traindo a si mesmo. Por outro lado, algumas vezes não devemos ouvir conselhos demais, se não tivermos cuidado, opiniões conflitantes podem causar mais confusão do que realmente ajudar. Muitas vezes, amigos que querem nos dar conselhos não conseguem nem mesmo cuidar da própria vida e se sentem bons em ensinar você a como cuidar da sua, tenha cuidado com quem você permite que influencie no seu processo de decisão, tenha certeza de que as pessoas que te dão conselhos saibam do que estão falando e que sejam pessoas que ganharam o seu respeito, como quem tem conhecimento e sabedoria.

CAPÍTULO 18

DESCUBRA O PODER DOS NOSSOS PENSAMENTOS E PALAVRAS

Escolha os pensamentos certos, existe uma guerra crescente à nossa volta e, incrivelmente, você não deve nem ao menos perceber que ela existe. A batalha não é por um pedaço de terra, nem por recursos naturais, como gás, petróleo, ouro, prata ou água, os recursos disputados nessa guerra são muito mais valiosos, a batalha é por sua mente, pela sua atenção, a moeda de maior valor hoje em dia é a atenção. O outro passo que você deve seguir se quiser viver todo o seu potencial é descobrir o poder de seus pensamentos e palavras. Vamos primeiro pensar sobre os nossos pensamentos, o alvo principal do nosso inimigo está na arena dos nossos pensamentos, ele sabe que se ele puder controlar e manipular como você pensa, ele poderá controlar e manipular toda a sua vida. Na verdade, nossos pensamentos determinam nossas ações, nossas atitudes são baseadas na imagem que temos de nós mesmos.

Verdadeiramente, nossos pensamentos determinam nosso destino, por isso que a Bíblia nos adverte a guardar a nossa mente, se você manter em sua mente pensamentos depressivos, você viverá uma vida depressiva, se você constantemente tiver pensamentos negativos, da mesma forma você terá perto de você pessoas negativas, filosofias negativas e estilo de vida negativo, sua vida sempre segue seus pensamentos. Assim como um ímã, nós atraímos para nós aquilo em que estamos constantemente pensando. Se você sempre pensar positivo e tiver pensamentos felizes e alegres, então você será uma pessoa feliz, alegre e atrairá outras pessoas positivas, felizes e alegres para viver perto de você. Nossos pensamentos também afetam nossas emoções, nós nos sentimos exatamente como pensamos, você nunca será feliz sem antes ter um pensamento feliz, assim como é impossível permanecer no medo e sem coragem sem antes ter pensamentos desencorajadores. Muitos dos sucessos e fracassos que temos na vida começam em nossa mente e na influência que permitimos que esses pensamentos tenham sobre nossas vidas.

Muitas pessoas não sabem que podemos escolher os nossos pensamentos, ninguém pode fazer você pensar sobre algo que não queira. Deus não faz isso e o inimigo não pode fazer isso, você decide como entreter a sua mente, se o inimigo semeou pensamentos negativos e desencorajadores em sua mente, isso não quer dizer que você tenha que cuidá-lo, nutri-lo e regá-lo para que cresça, você pode escolher cortá-lo e dissipá-lo de sua mente. Meu amigo leitor, sua mente é similar a um computador, é onde seu cérebro guarda todos os pensamentos que você já teve e ainda terá. Isso é bastante encorajador quando você precisa procurar por algo que esqueceu, mas não é tão bom quando se trata do monte de palavras torpes e que não agradam a Deus que já falamos e que inundam os dias atuais.

Algum pensamento destrutivo pode estar guardado em seu subconsciente, mas isso não quer dizer que você tenha que abri-lo e rodá-lo na tela da sua mente. Certamente que qualquer um pode temporariamente estar desencorajado e depressivo, a vida é dura e algumas vezes esses sentimentos negativos tomam conta de nós, todos podemos cair ocasionalmente, mas nunca devemos permanecer caídos. Se você está depressivo, precisa entender que ninguém está fazendo você ficar depressivo, se você não está feliz, ninguém está forçando você a ser infeliz, se você é negativo e está tendo atitudes ruins, ninguém está forçando você a ser chato, incompreensivo e sarcástico, é você que está escolhendo permanecer nessa condição. O primeiro passo para sair dessa bagunça é reconhecer que a única pessoa que pode mudar essa situação é você mesmo. **Nós devemos ter responsabilidades pelas nossas ações**, se ficarmos arrumando desculpas e culpando nossos antepassados, o meio ambiente, as relações passadas ou as circunstâncias, nós nunca seremos realmente livres e emocionalmente saudáveis, devemos saber que no longo prazo nós podemos controlar nosso próprio destino.

Algumas pessoas podem até dizer: *"As circunstâncias me põem para baixo"*, *"As coisas que acontecem em minha vida são tão terríveis e* não *há como ser positivo"*, *"Você não sabe o que estou passando".* Na verdade, as circunstâncias não te colocam para baixo, os seus pensamentos sobre suas circunstâncias é que te colocam para baixo. Por outro lado, você pode estar em uma de suas maiores provações físicas, materiais, espirituais ou financeiras e ainda assim se sentir alegre, em paz e em vitória se você aprender como escolher os pensamentos certos.

É tempo de pensar naquilo que você tem pensando. Obviamente não podemos ignorar os problemas e viver como se eles não existissem, ou como se nada ruim nunca fosse acontecer conosco, isso não é real, coisas ruins às vezes acontecem com pessoas boas, assim como coisas boas às vezes acontecem com pessoas más. Fingir não é a resposta, ninguém quer simplesmente parecer mais espiritual. Se você está doente, não tem problema admitir, mas mantenha os seus pensamentos na cura, se seu corpo está cansado e seu espírito está bem, a coisa mais espiritual a fazer é descansar um pouco, mas mantenha o seu foco e seus pensamentos naquele que te fez a promessa. Os que esperam no Senhor renovarão as suas forças e subirão com asas como águia. Amém!!!

CAPÍTULO 19

CINCO PRINCÍPIOS BÍBLICOS QUE ENRIQUECEM

19.1 APRENDA A CRIAR HÁBITOS FINANCEIROS QUE GERAM O ENRIQUECIMENTO

Primeiramente, é importante lembrar que a Bíblia não promete prosperidade financeira a todos os cristãos, por mais fiéis que sejam. Isso quer dizer que por mais crente que você seja, isso não te fará próspero ou rico simplesmente por ter aceitado Jesus como seu Senhor, por ter se tornado realmente um cristão fiel a Deus em tudo e que entregue o seu dízimo direitinho. Isso não lhe dá o direito de exigir de Deus riqueza financeira.

Por outro lado, é inegável que qualquer pessoa que seguir os princípios bíblicos, estará mais próxima da prosperidade familiar, emocional e financeira. No entanto, jamais deve tentar barganhar com Deus, exigindo prosperidade financeira. Em vez disso, aprenda a criar hábitos financeiros saudáveis.

1º Hábito: viver um degrau abaixo das suas possibilidades

Certamente você deve pensar: "Nossa, mas eu ganho tão pouco! Como vou viver com menos ainda?". E isso realmente é um problema, vivemos em uma sociedade habituada ao consumo e somos estimulados exaustivamente a consumir cada vez mais, somos estimulados 24 horas por dia a comprar até mesmo aquilo que não precisamos, por isso precisamos do fruto do Espírito, que é o domínio próprio, que atualmente a ciência chama de controle emocional. Em Provérbios 21:20 diz:

"Há tesouro precioso e azeite na casa do sábio; mas o homem insensato os devora".

Em outras palavras, se consumimos tudo que ganhamos, somos insensatos ou, em outras palavras, tolos. Uma coisa precisamos saber: fomos treinados a gastar tudo o que ganhamos e assim o dinheiro não vai sobrar. Muitas pessoas pensam: "Ah, assim que eu ganhar mais, eu começo a poupar uns 20%". Mas a realidade é que não vai sobrar, quando ganhamos mais acabamos gastando mais, e assim seguimos em um ciclo vicioso e não aprendemos a viver com menos do que ganhamos. Na verdade, precisamos seguir os princípios bíblicos e aprender e criar o hábito de viver abaixo das nossas possibilidades, fazendo sobrar no mínimo 20% do que ganhamos, assim como fez José do Egito, que, orientado por Deus durante os anos de prosperidade, guardou 20% de toda a produção do Egito para os anos de seca e fome, e assim transformou o Egito na nação mais rica e poderosa de sua época.

2º Hábito: ter mais de uma fonte de renda

Provavelmente você deve conhecer a expressão popular **"nunca coloque todos os ovos na mesma cesta"**. Isso se deve ao fato de que caso essa cesta venha a cair, todos os ovos se quebrarão e você perderá tudo.

Portanto, devemos ter mais de uma fonte de renda, pois caso uma venha a falhar, teremos outra para nos sustentar enquanto recuperamos a que perdemos. Muitas pessoas pensam que por terem um emprego de carteira assinada ou um emprego público estão garantidas devido à sensação de estabilidade que essas condições proporcionam, mas na realidade estabilidade não existe, pois empresas podem quebrar e os empregados serem demitidos, até mesmo o Estado, que se sustenta com os impostos dos cidadãos, pode às vezes atrasar salários ou reduzi-los por falta de recursos para pagamento dos servidores públicos. Vemos atualmente vários casos de países vizinhos que escolheram errado os seus governantes e hoje pagam um alto preço pelo erro que fizeram, sofrendo com o aumento astronômico da pobreza e da miséria.

Em Eclesiastes 11:6 diz:

"Plante de manhã a sua semente, e mesmo ao entardecer não deixe suas mãos ficarem à toa, pois você não sabe o que acontecerá, se esta ou aquela produzirá, ou se as duas serão igualmente boas".

Aprenda a criar várias fontes de renda. Eu, por exemplo, sempre estou à procura de novas oportunidades de criar nova fonte de renda, e me relaciono com amigos que tenham o mesmo interesse, pois criar fontes de renda é um hábito que deve ser desenvolvido por aquele que quer seguir os princípios bíblicos para o enriquecimento. Fazendo isso você estará com os olhos e mente abertos a enxergar novas oportunidades de gerar novas fontes de renda.

3º Hábito: ter uma reserva de emergência e oportunidade

Muitas pessoas acham que ter uma reserva de emergência é somente para tempos difíceis, mas na verdade a reserva de emergência, além de te trazer segurança e uma relativa tranquilidade por saber que você não estará desamparado caso venha a acontecer um imprevisto, ela também tem o poder de te enriquecer com as oportunidades que surgirão nos tempos difíceis, como no caso do Egito, que se tornou, em sua época, a nação mais rica e poderosa do mundo por ter feito sua reserva de emergência em tempo de fartura, o que lhe proporcionou prosperidade e saciou a fome de muita gente que não estava preparada para os tempos difíceis e imprevistos que acontecem a todos. Como está escrito em Eclesiastes 9:11:

"Retornei para ver debaixo do sol que a corrida não é dos ligeiros, nem a batalha dos pode-

rosos, nem tampouco são os sábios os que têm alimento, nem tampouco são os entendidos os que têm riquezas, nem mesmo os que têm conhecimento têm o favor. Por quê? Ele explicou:

'Porque o tempo e o imprevisto sobrevêm a todos eles'".

Por isso, meu amigo leitor, não importa se você é cristão fiel a Deus em todos os seus mandamentos, o imprevisto na verdade já está previsto e ele sobrevém a todos. Portanto, devemos sim formar a nossa reserva de emergência e oportunidade, pois ela virá com certeza, e estando preparados, ela nos servirá de defesa em tempos de crise, assim como está escrito em Eclesiastes 7:12:

"Porque a sabedoria serve de defesa, como de defesa serve o dinheiro".

4º Hábito: investir

O hábito de investir precisa ser criado e cultivado diariamente, precisamos entender que Deus tem prazer em nos ver prosperando, esse é o Seu objetivo, como vemos em Mateus 25:14, na parábola dos 10 talentos, que crescimento é a lei básica da vida. Quando o Senhor Deus repartiu os talentos para cada servo, Ele esperava que cada servo prosperasse e ganhasse mais com o talento que foi distribuído, como é bem frisado no texto **"segundo a capacidade de cada um"**. No entanto, o servo que recebeu apenas um talento, escondeu-o na terra, esperando a volta do seu Senhor e não fez nada com o talento que recebeu, então foi severamente repreendido e punido por seu Senhor, porque não granjeou com o talento recebido, fazendo-o multiplicar, conforme se vê em Mateus 25:27:

"Você devia ter confiado o meu dinheiro aos banqueiros, para que, quando eu voltasse, o recebesse de volta com juros".

Dessa forma, podemos ver que tudo que possuímos pertence a Deus e ele quer que esses recursos sejam multiplicados. Sejam eles familiares, materiais, emocionais, espirituais ou financeiros, devem ser multiplicados, e é investindo que você vai poder parar de trabalhar por dinheiro e fazer o dinheiro trabalhar para você. Aprender a investir é simples, mas não é fácil abrir mão de várias coisas prazerosas na vida, isso é difícil e complicado, mas lhe garanto que vale a pena, colocar a vida financeira em ordem não é tarefa fácil. Agora, permita-me fazer uma citação de um dos maiores investidores do mercado mundial, Warren Buffett. Ele diz o seguinte:

> *"Colocar as finanças em ordem é difícil, viver endividado também é, escolha a sua dificuldade".*

No começo dos investimentos você terá medo de perder dinheiro e até mesmo de abrir conta em corretora, mas meu conselho para você é: não deixe o medo te paralisar, comece com pouco e vá aumentando os valores à medida que for adquirindo confiança e segurança nas transações, pode ser em renda fixa, fundos imobiliários ou até mesmo CDBs, mas começar é necessário, e com o passar do tempo, você verá os resultados.

5º Hábito: buscar a sabedoria

A sabedoria é o conhecimento colocado em prática, não adianta buscar apenas o conhecimento e não o colocar em prática, pois não trará resultado. Em provérbios 3:13-14 diz:

> *"Como é feliz o homem que acha a sabedoria e que obtém o entendimento, pois a sabedoria é muito mais proveitosa do que a prata e rende mais do que o ouro".*

O caminho da prosperidade financeira passa inevitavelmente pela sabedoria, saber fazer é mais importante do que o conhecimento por si só, sem ser colocado em prática. Por exemplo, muitos têm o conhecimento de que poupar é necessário e gastar menos do que se ganha é uma prática que leva ao enriquecimento, mas não a praticam, sabem que precisam economizar, mas gastam tudo o que ganham e, às vezes, até mais do que ganham, gerando assim o endividamento, comprometendo grande parte de sua vida financeira, como no caso de financiamentos imobiliários que são longos e consomem quase a metade de uma vida de trabalho da pessoa.

Provérbios 13: 16 parte A

"Todo homem prudente age com base no conhecimento".

Portanto, podemos perceber que conhecimento sem a sabedoria não tem muito valor, você pode saber investir em ações, fundos imobiliários, renda fixa e outros, mas sem a sabedoria para colocar todo esse conhecimento em prática, nada vai valer e não terá qualquer resultado. Mas se você tiver a disciplina necessária para agir de acordo com esse conhecimento, seus resultados falarão por si e você terá a confiança que precisa para adquirir o bom hábito de investir seus recursos e multiplicá-los cada vez mais.

CAPÍTULO 20

NÃO DÊ DESCULPAS

Há um ditado popular que diz:

"Se você é bom em desculpas, não será bom em mais nada".

Nunca aceite o estilo de vida que você está vivendo se ele for por imposição de outras pessoas ou da situação econômica, se ele não condiz com suas expectativas e com a pessoa que quer se tornar ou se você não gosta do que faz. Nesse caso você precisa mudar, não aceite a forma como está vivendo se o que você faz não te leva para um próximo nível e não te faz chegar aonde você deseja, você não precisa viver assim. Se você quiser mudar, você pode mudar, você não tem que aceitar viver uma vida na qual ninguém te apoia no que você faz, na qual ninguém te aconselha a melhorar, ninguém te motiva a continuar ou torça pelo seu sucesso, você não tem que aceitar viver assim, sabe por quê? Porque eu não aceitei.

Eu sou advogado, palestrante, escritor e empreendedor, eu não sei como se parece para você uma pessoa que busca incessantemente atingir os seus objetivos e sonhos, um escritor, empreendedor, palestrante, mas eu nunca aceitei o estilo de vida que foi imposto a mim. Estou dizendo isso porque as pessoas com quem eu convivia me excluíram de suas vidas e fizeram de tudo para me desanimar, dizendo que eu não era capaz, e com esse tipo de pessoas eu não posso contar e nem quero perto de mim. Eu sou pai, sou marido de uma linda mulher, escritor, advogado, palestrante, empreendedor e fiz tudo isso sem fórmula mágica, fiz com muita força de vontade e determinação. Eu entendi que para deixar um legado, havia coisas que precisava mudar na minha vida e precisava me tornar a pessoa que eu queria ser. Para chegar onde cheguei foi preciso cortar da minha vida toda a forma de desculpas, e eu te digo agora: se você quer ter sucesso na vida, precisa cortar dela todas as formas de desculpas, porque se você viver uma vida dando desculpas, do porquê não conseguiu determinado resultado ou não chegou no nível em que desejava, você sempre estará na zona de conforto, que como o próprio nome diz, é um lugar confortável, mas nada cresce lá, é uma zona morta.

Você tem que aproveitar as oportunidades que surgem em sua vida, porque se continuar dando desculpas e não aproveitar, estará dando razão às pessoas que disseram que você não conseguiria, você precisa bloquear todas as vozes contrárias, todos os *haters*, todos aqueles que são contrários a você. Entenda isto: Deus deu a visão a você e não a eles, então eles não entendem o que você está fazendo, por isso não importa o que eles dizem, não importa o tipo de oposição que você possa encontrar, precisa se manter focado em seus objetivos. Entenda que Deus deu a visão a você e somente você pode realizá-la, então não delegue a outros aquilo que Deus determinou para você fazer, não importa o nível em que você tenha chegado. Entenda o seu propósito. Eu sei que não é fácil entender a sua missão e seu propósito nesta Terra. Não é fácil, se fosse, todos fariam, não é fácil ter sucesso, não é fácil ser escritor, não é fácil ser palestrante, não é fácil ser empreendedor, não é fácil ser casado, não é fácil ser pai, não é fácil ser quem você é ou quer se tornar!

Às vezes, pensamos que ninguém entende o que se passa em nossa vida, o momento difícil que estamos passando. O que devemos fazer? Dar desculpas? Ficar depressivos? Chorar? Desistir? Não! Precisamos vencer cada etapa, subir cada degrau, precisamos estar focados em nossos objetivos, não importa o que os outros falem, não importa os obstáculos que temos que enfrentar, somos somente nós contra o resto do mundo. Podemos nos levantar do pó e nos tornarmos aquilo que queremos, porque tudo que podemos fazer é crescer e aprender dia após dia. Eu sei que tudo isso precisa de muita coragem, força e motivação. Eu tiro motivação de minhas filhas, tiro motivação das pessoas que vivem em minha comunidade, consigo motivação das pessoas que passam por dores extremas, mas mesmo assim não desistem, eu não busco por troféus, eu não me importo com dinheiro, eu não me importo com especulações, eu me importo com o impacto que vou causar na vida das pessoas, com a minha história de vida, com a minha história de superação.

Eu não vim de família rica, eu não vim de família que tinha todo tipo de suporte para poder crescer, não tive incentivo para estudar ou me desenvolver como pessoa, tudo que consegui foi com muita luta e determinação, lágrimas e oração. As coisas que não consegui ainda, eu tenho certeza de que estão a caminho, pois eu disse a mim mesmo que as palavras negativas que chegam até mim não seguirão adiante, não passarão para outras pessoas. Eu enfrentei muita oposição, mas eu tenho certeza de que essa oposição não chegará a meus filhos e netos, eu enfrento a oposição e digo a ela: "Você jamais fará parte da minha vida". Isso quer dizer que eu jamais serei pedra de tropeço na vida de alguém se eu não puder ajudar, também não serei obstáculo ou farei oposição ao desenvolvimento e objetivos de quem quer que seja.

Você não precisa aceitar a vida que foi imposta a você, pois eu não aceitei. Eu te desafio agora, preste muita atenção, você não precisa aceitar a vida que foi imposta a você. Quando encontrar oposição, obstáculos aos seus objetivos, obstáculos em seu caminho, talvez você não consiga removê-los, mas tenha certeza de que você pode pular cada obstáculo que aparecer na sua frente, e se você não conseguir pular, desvie dele, porque sempre que você encontrar obstáculos na sua frente, a pessoa que existe dentro de você precisar sair e enfrentar o problema, pois ela é muito mais forte e maior do que a pessoa que existe fora de você. Eu poderia ter desistido quando meu irmão morreu, eu poderia ter desistido quando perdi meu trabalho, eu poderia ter desistido quando pessoas me disseram que eu nunca seria nada na vida, não tive ninguém para torcer por mim ou me incentivar a crescer na vida, mas eu nunca dei desculpas e sempre usei a oposição e a rejeição como combustíveis para crescer cada dia mais.

Eu sei que existem pessoas lá fora que tiveram sucesso na vida e elas têm as mesmas 24 horas por dia e dão um passo de cada vez, assim como eu, o problema é: como aproveitar ao máximo essas 24 horas? Você sabe como usar o seu tempo? As pessoas de sucesso sabem como usar o seu tempo, já pessoas comuns ficam horas e horas nas mídias sociais, simplesmente perdendo tempo e julgando aqueles que fazem acontecer, mas eu estou aqui para te dizer que você não precisa aceitar a vida que foi imposta a você pelas circunstâncias. O que eu quero que você faça a partir de agora é dar um passo de cada vez e manter o foco em seus objetivos, existem pessoas que lutaram para você conseguir a vida que tem hoje, sabe por quê? Porque elas não aceitaram a vida que foi imposta a elas, então por que você deveria aceitar limitação na sua vida? Hoje é o dia em que você pode mudar tudo isso, hoje é o dia em que você pode se tornar a pessoa que os outros disseram que você nunca conseguiria ser, hoje é o dia em que você poderá cumprir o seu propósito, hoje é o dia em que você não poderá mais voltar atrás, pois não existe outra saída, a não ser para frente.

Andar para trás nem para pegar impulso! Hoje é o dia que você escolheu não deixar o medo te paralisar, agora é o momento de você transformar os seus sonhos em realidade, pois ninguém pode fazer o que só você é capaz, você precisa acreditar em si mesmo e em sua capacidade, você tem a habilidade de acreditar em si mesmo como nunca antes. A Bíblia diz que tudo coopera para o bem daqueles que amam a Deus e que andam segundo os seus propósitos. Você precisa ser forte, pois terão amigos e familiares que não lhe ajudarão, muito pelo contrário, farão de tudo para lhe atrapalhar, dirão que você não é capaz de tornar seus sonhos realidade. Eu estou falando isso por experiência própria, sei como você se sente, eu também saí do pó, entendo a sua situação, eu sei que existe muito mais pessoas negativas em sua vida do que positivas e eu estou aqui para te dizer que você precisa acreditar em si mesmo e que pode tornar seus sonhos realidade. Eu sei que existem pessoas que queriam estar no seu lugar e ter a vida que você tem, pessoas que precisam ouvir o que você tem a dizer, pessoas que precisam que você profetize na vida delas. Eu sei que para fazer o que eu faço, eu preciso acreditar em minha capacidade, preciso acreditar em mim mesmo, preciso fechar os olhos e ouvidos a todos os barulhos à minha volta, preciso bloquear pessoas que me odeiam, pessoas que sempre têm coisas negativas a dizer. Deixo aqui para você um desafio: acredite em si mesmo, seja consistente, mantenha a chama acessa em seu peito. E mais uma vez eu te pergunto: você vai ser uma pessoa comum? ou uma pessoa extraordinária?

CAPÍTULO 21

APRENDA EVOLUINDO SEMPRE E TREINE ATÉ SE TORNAR

Quando nascemos, somos ensinados por nossos pais ou responsáveis a viver um papel, é como o diretor de um filme e o roteirista, que escreve para nós o que devemos ser e dita como devemos viver. Não é culpa deles, eles também foram ensinados assim, portanto, não nascemos ricos ou pobres, somos ensinados desde cedo a viver o papel e a expectativa de nossos pais, que, como o diretor de um filme, diz para nós o que devemos ser e em que devemos acreditar, e, na maioria das vezes, nós somos ensinados de maneira errada e negativa, e vivemos uma versão e um papel que nada têm a ver conosco, é apenas a ideia e a visão impressa em nós por nossos pais, que na tentativa de fazerem o melhor para seus filhos, acabam por limitar a capacidade de realização e os sonhos daqueles que querem ajudar.

Muitas vezes, vivemos uma versão de nossas vidas que não é nossa, é apenas o papel e a narrativa que nos foram ensinados por nossos pais, mas que nada tem a ver com o nosso propósito de vida. Será que fomos ensinados a viver uma vida fracassada ou uma de vitórias e conquistas? Se formos empreender, será que seremos um empreendedor que assume a responsabilidade por seus atos ou fica sempre culpando alguém por seus resultados? Eu acredito que podemos tirar o melhor dessa vida e fazer sempre o nosso melhor em tudo, tirando da fraqueza, força, e dos ataques, mais força ainda, para continuar melhorando a cada dia, revelando em nós a nossa melhor versão, aquela que foi idealizada pelo Criador, que colocou em nós talentos e dons para vivermos e comermos o melhor desta Terra.

Evoluir sempre é aprender com os próprios erros, porque existem coisas que não podem ser ensinadas, elas precisam ser experimentadas, para que possamos aprender. Podemos aprender com tentativas e erros, com os erros dos outros, mas quando experimentamos algo transformador em nossas vidas, nunca mais erramos, é como ensinar a Bíblia para outras pessoas. Já vi muitos pregadores ensinando algo que nunca experimentaram, mas ao invés de ensinarmos a Bíblia para outras pessoas, devemos mostrar o Deus da Bíblia, porque isso sim é transformador, pois ensinar alguma coisa que não se vive é multiplicar a ignorância, por isso procuro sempre ensinar aquilo que vivo, e não somente ir à igreja, mas ser a igreja onde quer que eu vá.

Será que o papel que estamos vivendo, essa versão de nós mesmos, está nos levando à prosperidade ou à estagnação? Ao sucesso ou ao fracasso? Será que estamos no ambiente certo? Será que estamos obtendo as informações certas? Precisamos estar sempre com as pessoas certas, nos ambientes certos, obtendo as informações certas, para podermos prosperar. Mas aí você pode perguntar: como saber se estou no lugar certo, com pessoas certas, nos lugares certos? Para entender isso, primeiro você precisa saber aonde quer chegar, ou quem quer se tornar e o quanto quer prosperar.

CAPÍTULO 22

SEJA IMPARÁVEL

Não seja apenas um sonhador. Eu me pergunto todos os dias: eu sou apenas um sonhador ou sou uma pessoa que busca a grandeza e a execução de todos os passos até conseguir a realização do sonho?

Sempre tenha clareza absoluta do que você quer ser na vida e aonde quer chegar, você faz isso entendendo como você quer se sentir todos os dias da sua vida, como você quer acordar todas as manhãs. Quer acordar animado ou desanimado? Apaixonado por aquilo que você decidiu fazer ou odiando o trabalho que faz só para pagar as contas no final do mês? Eu decidi acordar todas as manhãs apaixonado pelo que faço e pela minha profissão, determinado em ajudar alguém a mudar de vida. Quando sonhamos grande, é como se falássemos uma língua diferente, uma língua que o homem comum não entende, quando pensamos em um nível mais alto, a pessoa medíocre não entende, pois ela está acostumada a viver na mediocridade, e muitos cristãos acham que não podemos ter ambição, que devemos nos contentar com o que temos, mas a vida não é assim.

Para ser um vencedor, você precisa ter dentro de si uma chama que não se apaga até conseguir seus objetivos, é como um leão faminto, ele não desiste enquanto não pegar a presa, o mundo pertence àqueles que não se contentam com salários, mas que sabem que podem ir muito além de apenas ter um emprego de 8h até 17h. Para vencer, você tem que entender que ninguém vai estar torcendo por você ou te animando, você deve perseverar até conseguir os seus objetivos e não desanimar por qualquer circunstância que tenta te parar. Os vencedores não veem o mundo com os olhos, eles enxergam muito mais longe, eles veem com a mente, são visionários e enxergam muito além do seu tempo. Você não precisa de fé para sonhar pequeno, o mundo pertence àqueles que pensam grande, o restante são apenas expectadores daqueles que sonham, realizam e fazem a sua própria história. Não tenha medo de sonhar grande.

Em provérbios 13:20, a palavra de Deus nos exorta:

> *"O que anda com os sábios ficará sábio, mas o companheiro de tolos será destruído".*

O que podemos entender com esse versículo é exatamente o que está escrito, se você quer ser sábio, tem que andar com pessoas sábias e não com tolos, porque somos a média das cinco pessoas com as quais mais convivemos. Por isso, para chegar ao lugar desejado, ao desenvolvimento pessoal, espiritual e financeiro, precisamos estar com pessoas que tenham esse mesmo objetivo e em ambientes certos.

Em Salmos 1:1 diz:

> *"Bem aventurado o homem que não anda segundo o conselho dos ímpios, nem se detém no caminho dos pecadores, nem se assenta na roda dos escarnecedores".*

Novamente a Bíblia aconselha a nos afastarmos de pessoas que são ímpias, más e que não tenham o mesmo objetivo que nós, de alcançar a nossa melhor versão, aquela que foi idealizada por Deus.

1 Coríntios 15:33 diz:

> *"Não vos enganeis! as más companhias corrompem os bons costumes".*

CONCLUSÃO

O que podemos concluir com tudo isso é que, na verdade, não importa o quanto de influência nós obtivemos no decorrer de nossas vidas, nosso livre-arbítrio continua intacto, e podemos sim escolher se aceitamos as influências que recebemos no decorrer de nossas vidas, ou mudamos de ambientes e pessoas com quem convivemos e nos influenciam, para chegar ao lugar desejado e nos tornarmos a pessoa e a versão de nós mesmos que ansiamos ser. Retornar ao lugar que Deus planejou para nós, usar todo o potencial e dons que ele nos concedeu para fazer o nosso melhor em tudo, tirar o melhor de nós mesmos com o desenvolvimento pessoal, espiritual, financeiro e emocional constante em todas as áreas de nossas vidas, até a volta daquele que esperamos, o nosso Senhor e Salvador Jesus Cristo.

Obrigado por dedicar o seu precioso tempo à leitura deste livro. Desejo a você um tremendo sucesso e a verdadeira paz que excede todo entendimento seja com todos vocês, que a felicidade completa e total alcance a todos os meus leitores, que você possa ter discernimento e sabedoria para aplicar em sua vida todos os princípios e ensinamentos contidos neste livro. Deus abençoe.

Dr. Pedro Costa

REFERÊNCIAS

BÍBLIA sagrada Versão NVI

BÍBLIA para pregadores e líderes Geziel Gomes. Editora Central Gospel, 2017.

EKER, T. Harv. *Os segredos da mente milionária.*

HILL, Napoleon. *Quem pensa enriquece. Editora Fundamento, 2019.*

KIYOSAKI, Robert. *Pai rico e pai pobre. Editora Alta Books, 2018.*

MENSAGENS de otimismo. *Mundo das mensagens.* 2022. Disponível em: https://www.mundodasmensagens.com/mensagens-otimismo/. Acesso em: 30 set. 2022.

NÃO invente desculpas, crie soluções. *Mundo das mensagens.* 2022. Disponível em: https://www.mundodasmensagens.com/mensagem/nao-invente-desculpas-crie-solucoes.html#:~:text=N%C3%A3o%20invente%20desculpas%2C%20tenha%20atitude%2C%20crie%20solu%C3%A7%C3%B5es.%20Quando,coragem%20e%20espante%20a%20pregui%C3%A7a%20da%20sua%20vida%21. Acesso em: 30 set. 2022.

PESQUISA aponta a situação financeira como a principal causa dos divórcios. *Pastor*, 10 out. 2016. Disponível em: https://pastor.adventistas.org/pt/pesquisa-aponta-a-situacao-financeira-como-a-principal-causa-dos-divorcios/. Acesso em: 30 set. 2022.

PESQUISA realizada nos EUA diz que dinheiro traz felicidade e explica porquê. *Revista Let's go Bahia*, 29 jan. 2022. Disponível em: https://letsgobahia.com.br/noticia/gente/pesquisa-realizada-nos-eua-diz-que-dinheiro-traz-felicidade-e-explica-o-por-que. Acesso em: 30 set. 2022.

PROCTOR, Bob. *Você nasceu rico.* Editora LifeSuccess produções, 8900 E, 2010.

VIEIRA, Paulo. *O poder da autorresponsabilidade. 2018.*